践行社会主义核心价值观
好家教成就好家风

治家有方：名人家书集锦

祁丽珠◎主编
墨非莫梦　思杨◎编委

SPM
南方出版传媒
全国优秀出版社
全国百佳图书出版单位
广东教育出版社
·广州·

图书在版编目（CIP）数据

治家有方：名人家书集锦 / 祁丽珠主编. —广州：广东教育出版社，2016.6（2018.7重印）
（践行社会主义核心价值观. 好家教成就好家风）
ISBN 978-7-5548-1269-3

Ⅰ. ①治…　Ⅱ. ①祁…　Ⅲ. ①家庭教育　Ⅳ. ①G78

中国版本图书馆CIP数据核字（2016）第176123号

责任编辑：陈定天　蚁思妍　王晓磊
责任技编：杨启承
装帧设计：友间文化
插画绘制：广州星梦动漫设计有限公司

治家有方：名人家书集锦
ZHIJIA YOUFANG：MINGREN JIASHU JIJIN

广东教育出版社出版发行
（广州市环市东路472号12-15楼）
邮政编码：510075
网址：http：// www.gjs.cn
广东新华发行集团股份有限公司经销
广东信源彩色印务有限公司印刷
（广州市番禺区南村镇南村村东兴工业区）
889毫米×1194毫米　32开本　5印张　121千字
2016年6月第1版　2018年7月第2次印刷
ISBN 978-7-5548-1269-3
定价：20.00元
质量监督电话：020-87613102　**邮箱**：gjs-quality@gdpg.com.cn
购书咨询电话：020-87615809

序

在少年心中，种下宏观梦

2014年2月24日，习近平总书记在主持中共中央政治局关于“培育和弘扬社会主义核心价值观、弘扬中华传统美德”的第十三次集体学习时发表了讲话。他指出，核心价值观是文化软实力的灵魂、文化软实力建设的重点，要“把培育和弘扬社会主义核心价值观作为凝魂聚气强基固本的基础工程”。总书记的讲话，高屋建瓴，提纲挈领，一语点出了社会主义核心价值观在新时期对于我国的重要意义。

翻阅华夏近代以来的漫漫历史长卷，让人不禁沉思：我们的祖国和人民历经了无数的战火与磨难，辛酸与屈辱，却始终不曾屈服退缩，反而越战越勇，且将这种不屈不挠的精神世代相传。今天的社会主义建设事业空前繁荣，放眼未来，更是前程似锦。溯古观今，我们不禁要问：究竟是什么力量，指引着中国人民自告奋勇，为国奉献？究竟有什么魅力，让一批又一批建设者为了祖国的繁荣富强卧薪尝胆，战天斗地？到底是一种什么样的思想激励着广大建设者无悔无怨？到底是一种怎样的追求鼓舞着各位劳动者勤恳付出？

世界上唯有力量和精力是借不来的，而社会主义核心价值观的精神所在正是这一力量和精力。由此，社会主义核心价值观的重要意义就显现出来了。

梁启超在《少年中国说》中的著名论断“少年强则国强”，至今仍是至理名言。而这种强，绝不仅仅是体魄强、智力强，更重要的应该是“三观强”。青少年不仅是祖国的未来，也承载了祖国的希望，只有在他们心中构建起坚定而不容撼动的世界观、人生观与价值观，才能在实现中华民族伟大复兴这一“中国梦”的征程中不受“歪门邪道”的干扰，立场坚定，斗志昂扬，一往无前。

作为一名老教育工作者，自己在深入学习社会主义核心价值观的同时，也常常思考，对于世界观、人生观与价值观尚未发展成熟的青少年而言，如何对他们进行行之有效的社会主义核心价值观的渗透和教导呢？

面对追求个性、厌烦说教、偏爱趣味性学习的青少年，一味地对他们进行空洞说教和灌输教育，往往会适得其反，得不到想要的效果。而孩子的天性喜欢听故事、讲故事，在故事中学习应该是一种收效甚好的教育方式，同时也是增进亲子关系的有效方法。

《践行社会主义核心价值观：好家教成就好家风》系列丛书正好适合孩子的生长发育特点，从孩童的兴趣出发，希望他们在阅读中能够深刻理解社会主义核心价值观对自己、对家庭乃至整个社会未来发展的重要意义。

从小培养孩子形成正确的价值观除了学校，父母也要肩负一份责任。本套丛书跳脱出以理论说教的编写模式，分别从童年故事、名人家风故事与名人家书三个角度出发，为我们的父母和孩子展现了社会主义价值观不同寻常的别样魅力。本套丛书思想深刻，理论清晰，编写结构新颖，语言通俗易懂，故事典型，可谓亲子共同学习社会主义价值观的最佳读本。

爱国主义的展现，公正社会的构建，敬业友善的奉献，社会主义核心价值观已经成为维系中国社会的繁荣与昌盛的精神纽带。在此寄语广大青少年：要努力学习，躬身实践，自觉将社会主义核心价值观内化于心，用满腔热血和才华，继承社会主义建设的伟大事业，让中华民族恒久屹立于世界民族之林！

王玉学

2016年6月

（王玉学，广东省教育厅关心下一代工作委员会主任）

目录

修身篇

第一章 省身正性

第二章 读书治学

齐家篇

第三章
齐家和睦

第四章
为父教子

第五章 勉励期许

治国篇

第六章 家国天下

第七章
帝王家训

平天下篇

第八章
少年强，则中国强

修身篇

第一章 省身正性

“正心以为本，修身以为基。”正心、修身这些品格教育皆来自于父母。俗语有之，“上梁不正下梁歪”，从中道出了父母榜样的力量是多么的伟大。简言之，父母是孩子的镜子，孩子则是父母的影子。“扬州八怪”之一的郑板桥，画如其法，他劝诫儿子郑麟为人要宽容大度，不可睚眦必报；作为一国宗伯的纪晓岚，虽身居高位，但也不忘警戒反省自己，以自身的做官经历，劝勉子孙们，节俭自持；著名学者张之洞言传身教，鸿雁传书之际也不忘培养孩子勇敢刚毅的优秀品格。还有诸多的名人大家，他们的育儿方法都拥有共性——身为父亲，无论职务身份高低，全都会放下身段，与孩子为友，同时在对孩子提出要求时，自己首先做到了。

一

郑板桥

为人不可小怨不忘，睚眦必报

郑板桥（1693—1765），原名郑燮，字克柔，号板桥，又号板桥道人，江苏兴化人。他做过山东海县知县，在做官期间为政清廉，体察民情。后来，他辞去官职，靠卖画为生，是“扬州八怪”之一。郑板桥擅长画竹，并且把自己的书法命名为“六分半书”，他的书法笔致瘦硬，姿态纵生，世人称之为“乱石铺街”。郑板桥是清代扬州画派的杰出人物。他的诗、书、画被誉为“三绝”，风格独特，活泼自由，灵巧有致，笔妙意新，令人叹绝。

为人不可小怨不忘，睚眦必报

字谕麟徽儿：

李师赴宁乡试，放假二十日，尔当照常用功，一切家务，外事自有尔叔管，内事自有尔母管，何必要尔问讯。至于邻里亲戚，无论与我家有隙无隙，是亲是疏，在尔只宜尊之敬之，见面则谨执后辈礼，笑脸向人。岂可因族人背后讥笑我家，邻人曾窃吾家园蔬，遇尔尊称，尔竟置之不理。妄读圣贤书，全不解泛爱众之义。尔在少年时代，已积下许多嫌怨，将来管理家政，必致个个都是仇人，奚能立身处世？古来贤人君子，无与乡党宗族不睦者。小怨不忘，睚眦必报，乃属贱丈夫之所为，尔万不可学此卑鄙行为。

兹得尔母来书报告，特此郑重告诫，谨遵勿忘。读书宜勤恳勿懈，看书宜细心有恒。现看《史记》，颇实用，每日规定看十页，必须自首至尾，逐句看下，有紧要处，摘录读书日记簿。有费解处另纸摘出，求解于先生。今年若能看完《史记》，明年更换他书。惟无益之小说与弹词，不宜寓目，观之非徒无益，并有害处也。

译文

我写这封信是要告诉麟儿：

李老师去参加乡试，给你放了20天的假。你应该像往日一样用功，一切家务、外面的事有你叔叔管理，家里的事有你母亲安排，你不用多问。至于邻居和亲戚，不管是不是和我家有矛盾，无论是亲近还是疏远，你都应当尊敬他们，见了面要记住礼节，面带笑容。不要因为亲戚在背后讥笑，邻居曾经偷过我家园里蔬菜的缘故，即使遇见这些长辈，你都置之不理。如果这样，你就白白读了圣贤之书，根本就没有理解宽容待人的意义。你若在少年时代就积下许多毫无意义的恩怨，将来管理家政时，一定会把许多人当作仇人，如果这样又怎么能立身处世呢？从古至今的贤人君子，没有谁不和邻居亲戚和睦相处的。小小的恩怨也不忘，都要伺机报复，这是卑贱的人所干的，你千万不能学习这种卑贱的行为。

现在我看到了母亲在信中的报告，所以特地告诫你，一定要遵守我的告诫，不要忘了。读书应该勤勉而不松懈，还要细心而且持之以恒。你现在正在阅读《史记》，这是很实用的，每天一定要坚持看10页，而且必须从开头读到结尾，每个句子都不要略过，碰到关键句子，要摘录在本子上。有不理解的地方另外摘录出来，以后向老师请教。若是你今年能看完《史记》，明年就更换其他的书看。那些没有什么好处的小说与弹词，你不必看，看了也没有什么收获，反而会有许多害处。

二 纪晓岚 勿持傲慢，勿尚奢华

纪晓岚（1724—1805），本名纪昀，字晓岚，又字春帆，晚号石云，又号观弈道人，谥号文达。清朝直隶献县（今河北沧州市）人。清代著名学者，他曾担任乾隆年间的礼部尚书、协办大学士和《四库全书》的总纂修官。

纪晓岚出身官宦人家，他的父亲纪客舒是著名的考据学家，在北京做过官。纪晓岚自幼聪颖过人，有“神童”之称。清乾隆十二年（1747年），他参加乡试中了解元。清乾隆十九年（1754年），他中进士后选入翰林院，担任“庶吉士”。他先后担任过编修、左庶子、福建学政、兵部侍郎、左都御史、礼史、兵部尚书、协办大学士 、加太子少保等职位。乾隆三十八年（1773年）起，纪晓岚担任《四库全书》馆的总纂官。他的著作有《阅微草堂笔记》《纪文达公遗集》。

作为一国宗伯的纪晓岚，虽身居高位，但也不忘警戒反省自己。他以自身的做官经历，劝勉子孙们，节俭自持，这样才能代代兴盛，永葆祖德。

勿持傲慢，勿尚奢华

余家托赖祖宗积德，始能子孙累代居官。唯我禄秩最高，自问学业未进，天爵未修，竟得位居宗伯，只恐累代积福，至余发泄尽矣，所以居下位时，放浪形骸，不修边幅，官阶日益进，心忧虑日益深。

古语不云乎："跻愈高者陷愈深"。居恒用是兢兢，自奉日守节俭，非宴客不食海味，非祭祀不许杀生。命年过知命，位列尚书，福禄亦云厚矣。不必再事戒杀修善，盖为子孙留些余地耳。尝见世禄之家，其盛焉位高势重，生杀予夺，率意妄行，固一世之雄也。及其衰焉，其子若孙，始则狂赌滥嫖，终则卧草乞丐，乃父之尊容安在哉！此非余故作危言以耸听。

吾昔年所购之钱氏旧宅，今已改作吾宗祠者，近闻钱氏子已流为叫花，其父不是曾为显宦者乎！尔辈睹之，宜作为前车之鉴，勿持傲慢，勿尚奢华，遇贫困者宜恤之，并宜服劳。吾特购粮田百亩，雇工种植，欲使尔等随时学稼，将来得为安分农民，便是余之肖子，纪氏之鬼，永不馁矣。尔等勿谓春耕夏苗，胼手胝足，乃属贱丈夫之事，可知农居四民之首，士为四民之末，农夫披星戴月，竭全力以养天之人，世无农夫，人皆饿死，乌可贱视之乎？戒之戒之。

译文

我们家依靠祖上积下的公德，子孙们几代人才都能做官。我的俸禄官位最高，可我明白自己没有多大的学问，也没有修什么高官厚禄之德，现在居然是一国宗伯。只怕是几代人所积下的福分到我这几乎已经用尽了啊。所以我做小官的时候，放浪形骸，不修边幅。随着官位一天天上升，我心中的担忧也一天天地加深。

古代曾有这样的话：爬得越高摔得越重。我平常总是小心谨慎，自觉遵守节俭，如果不是宴请客人就不吃海味，如果没有祭祀就不随便杀生。我已经过了天命之年，如今官居尚书，俸禄很多，寿命也很长。我不再戒杀修善，是为了给子孙留下修善的余地。曾经有些世代吃俸禄的人家，在官运亨通的时候位高权重，生杀予夺，都是一意孤行不加考虑，成为一个时期引人注目的人物。等家道衰落的时候，他的子孙们，开始狂赌滥嫖。后来只能睡在乱草中以乞讨为生，此时他们父辈的尊荣又在哪里呢？这并不是我故意在危言耸听。

我过去所买的钱氏旧宅，现在已改作我们的宗祠。近来听说钱家的后代已沦落为叫花子，他的父亲不也曾经是显贵的官宦吗？孩子们看到这个例子，应该把它作为前车之鉴才对呀！不要傲慢无礼，也不要追求奢华。遇到贫困的人应该救济体恤他们，而且你们还应当参加劳动。我专门买了几百亩的田地，雇别人种地，也是打算让你们随时能够学习种田，将来能成为安分的农民，这就是我的好儿子了。我们家的祖先也可以永远得到祭祀，不至于受饿。你们不要认为春耕夏苗，手脚上长茧子，这只是地位低下的人应该做的事儿。你们可曾知道，农民居于社会各色人等的首位，知识分子却是末位。农民们披星戴月，竭尽全力劳动，才养活了天下的人。如果世界上没有农夫，人们都会饿死，怎么能看不起他们呢？一定要警诫自己啊。

三 张之洞
勇猛刚毅，务必养成一军人资格

张之洞（1837—1909），字孝达，号香涛，晚号抱冰。祖籍河北沧州市南皮县，清末著名的洋务派官僚，也是清政府的封疆大吏，同时，还是著名的学者。1889年到1906年间，张之洞任湖广总督期间，提出了“中学为体，西学为用”的洋务运动纲领，大力兴办洋务，成为仅次于李鸿章的洋务派代表人物，创办了湖北炼铁厂、大冶铁矿、萍乡煤矿等一系列洋务企业，使湖北成为洋务经济活动的一个中心地区；同时，张之洞改革书院、兴建学堂，创办两湖书院、陆军小学、测绘学堂等院校，派出大批学生赴日本等国留学，兴建湖北图书馆、印书局等，促进了湖北地区教育和文化的发展。

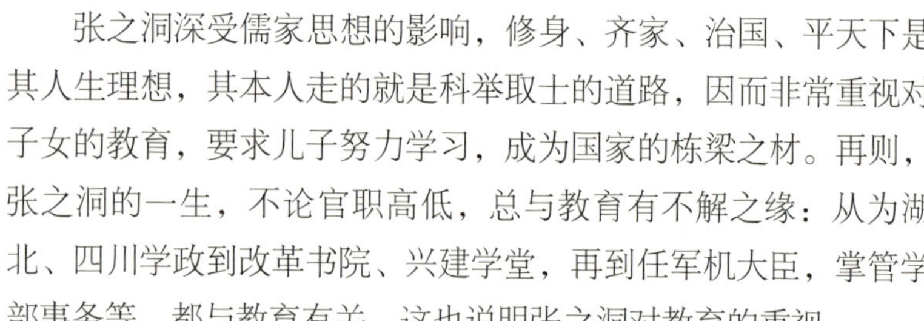

张之洞深受儒家思想的影响，修身、齐家、治国、平天下是其人生理想，其本人走的就是科举取士的道路，因而非常重视对子女的教育，要求儿子努力学习，成为国家的栋梁之材。再则，张之洞的一生，不论官职高低，总与教育有不解之缘：从为湖北、四川学政到改革书院、兴建学堂，再到任军机大臣，掌管学部事务等，都与教育有关，这也说明张之洞对教育的重视。

张之洞的儿子生性好动，绝非科举中人，再加上国事多艰，要振兴国家，须知治国之道；治国之道，首在练兵，所以，张之洞送其子东渡日本，到日本士官学校学习军事。

在下面这封信中，张之洞给儿子提出三条要求：第一，学习要努力刻苦，将所学的知识全部掌握；第二，要放下贵公子的架子，把自己看作普通的贫民和兵卒；第三，生活要自理，切不可染上嫖娼赌博等恶习，以免荒废学业。希望儿子用功、上进，将来成为捍卫国家的栋梁之材。

勇猛刚毅，务必养成一军人资格

吾儿知悉：

汝出门去国，已半月余矣。为父未尝一日忘汝。父母爱子，无微不至，其言恨不能一日不离汝，然必令汝出门者，盖欲汝用功上进，为后日国家干城之器，有用之才耳。

方今国事扰攘，外寇纷来，边境累失，腹地亦危。振兴之道，第一即在治国。治国之道不一，而练兵实为首端。汝自幼即好弄，在书房中，一遇先生外出，即跳掷嬉笑，无所不为。今幸科举早废，否则汝亦终以一秀才老其身，决不能折桂探杏，为金马玉堂中人物也。固学校肇开，即送汝入校。当时诸前辈犹多不以然，然余固知汝之性情，知决非科甲中人，故排万难以送汝入校，果也除体操外，绝无寸进。

余少年登科，自负清浇，而汝若此，真令余愤愧欲死。然世事多艰，习武亦佳，因送汝东渡，入日本士官学校肄业，不与汝之性情相违。汝今既入此，应努力上进，尽得其奥。勿惮劳，勿恃贵，勇猛刚毅，务必养成一军人资格。汝之前途，正亦未有限量，国家正在用武之秋，汝只患不能自立，勿患人之不己知。志之志之，勿忘勿忘。

抑余又有诫汝者：汝随余在两湖，固总督大人之贵介于也，无人不恭待汝。今则去国万里矣，汝平日所挟以傲人者，将不复可挟，万一不幸肇祸，反足贻堂上以忧。汝此后当自视为贫民，为贱卒，苦身戮力，以从事于所学，不特得学问上之益，而可藉是磨炼身心，即后日得余之庇，毕业而后，得一官一职，亦可深知在下者之苦，而不致自智自雄。余五旬外之人也，服官一品，名满天下，然犹兢兢也，常自恐惧，不敢放恣。

汝随余久，当必亲炙之，勿自以为贵介子弟，而漫不经心，此则非余之所望于尔也，汝其慎之。寒暖更宜自己留意，尤戒有狭邪赌博等行为，即幸不被人知悉，亦耗费精神，抛荒学业。万一被人发觉，甚或为日本官吏拘捕，则余之面目，将何所在？汝固不足惜，而余则何如？更宜力除，至嘱，至嘱！

余身体甚佳，家中大小，亦均平安，不必系念。汝尽心求学，勿妄外骛。汝苟竿头日上，余亦心广体胖矣。

父涛示

五月十九日

译文

我儿你应当知道：

你走出国门远离祖国，已经半个多月了。作为父亲，我没有一日不惦记着你。父母疼爱儿子，关怀无微不至，恨不得一日也不让你离开。然而，如今我们让你走出国门，意思是想让你用功上进，日后成为国家的保卫者，成为国家的有用人才。

当今天下，国事扰攘，贼寇不断入侵。边疆屡屡告失，中原腹地也危在旦夕。振兴国家之道，第一即为治理。治理国家途径众多，而练兵当为头等要事。你自幼性情好动，在书房中，一旦遇上老师外出，你就蹦跳嬉闹，无所不为。如今幸好科举制度早已废除，否则你也许终生只是一个秀才而已，绝没有可能科举及第，成为金马玉堂的人物。因此，自学校开办，我就送你入学。当时很多前辈对此不以为然，然而我深知你的性情，知道你绝非名列三甲之人，所以排除诸多阻力送你入校学习，果然不出所料，除体操课外，你在其他方面绝无分寸长进。

我少年时就科举及第，自负清高，你却如此不堪，真让我又气愤又羞愧。不过，世事艰难，习武也不错，我因而送你东渡日本，入士官学校深造，这也不与你的性情相违背。如今你既然已经入校，就应该努力刻苦、力求上进，得其精髓奥妙所在。不要害怕劳苦，不要自恃尊贵。要勇敢、刚毅、坚强，务必养成军人的品格。你的前途，正是无量之时，国家也正好是在需要“用武”的时代，你只能时刻忧虑自己不能自立，而不能骄傲自满，切记切记，勿忘勿忘！

在这里我还要告诫与你：你随我在两湖时，你是总督大人的贵公子，没有人不恭维你，不款待你。如今你离开祖国，在万里之遥，你平时傲视他人的资本将不复存在。万一不幸闯下祸害，反而足以使父母忧愁。你以后要把自己看成是贫民、看成是普通的士卒，要刻苦努力，以从事于所学内容，不仅要在学识上有所长进，而且要借以磨练身心。即使日后得到我的庇护，毕业以后，能得一官半职，也能了解社会底层的艰难，而不至于夜郎自大。我已经是五十开外的人啦，官服一品，名声享誉天下，却依然战战兢兢。常常深感惶恐，不敢放纵自己。

你随我时间很长，一定从我身上受到教训，不要以为自己是贵公子，就漫不经心、放纵自己。这不是我所期望于你的，你一定要谨慎从事，冷暖更应自己留意，尤其要避免染上嫖娼赌博等恶习。这种恶习即使侥幸不被人知晓，也耗费精力；荒废学业；万一被人发现，甚至被日本官吏拘捕，那么我的脸面将置于何处？你固然不足惋惜，可是让我如何处理这个问题呢？这一点要尽力戒除，你一定要牢记在心！

我身体很好，家中老少，也都平安无事，你不必挂念。你要尽力求学，不要不务正业，好高骛远。你如果每天都有长进，我也就心宽体胖啦。

父香涛示

五月十九日

四 吴汝纶 凡为人先从孝友起

吴汝纶（1840—1903），自挚甫，安徽桐城人。清同治四年（1865年）中进士，担任冀州知府，后来当了京师大学堂的总教习，奉命到日本考察学制。他曾拜曾国藩为老师，和张裕钊、黎庶昌、薛福成并称“曾门四弟子”。他在担任曾国藩、李鸿章的幕僚期间，曾经为他们起草了许多奏议。吴汝纶对《史记》颇有研究，而且具有独到新颖的见解；他还广泛涉猎和校勘汉魏以来的名家诗文，用名家诗文来说明写作的章法和规矩。吴汝纶是桐城派后期的代表作家之一。在他的文章当中，往往强调“洋务”的重要性。

深受儒学和史学影响的吴汝纶，对子女的教育更注重家庭礼仪之范。在得知自己的儿子对伯父以及伯父家的孩子颇有微词的时候，及时的写信告知儿子，为人要读书明理，孝顺有爱，不仅要孝顺自己的父母，对家里的任何人都要以父母之心去对待。

凡为人先从孝友起

吾听闻汝骂芩姐，说伯父不配做官，汝父做官有钱；欲逐芩姐，不令食汝父之钱等语，伤天伦，灭人理，莫比为甚！

世人常说兄长当父，长嫂当母，子有钱财，当归于父，弟有钱财，当归于兄。吾与汝伯父，终身未尝分异，岂有分别汝有无之理！伯父在时，吾不能事之如父，今亡已八年，不可再见矣，吾常痛心，故令汝兼继伯父，望汝读书明道理。岂知汝幼稚之年，居心发言，已如此骄恣浇薄哉！伯父才学，十倍于我，其未仕，乃命也，何不配之有？做官之钱，皆取之百姓，非好钱也。故好官必不爱钱。吾虽无德，岂愿以此等之钱，豢养汝曹私妻子哉！兄弟之子，古称犹子，言与子无异。苓姐，吾兄之子也，与汝何异！我若独私汝，逐苓姐，不与食，尚为非人，况汝邪！且汝亦为伯父继子，若尽逐诸侄，则汝亦在当逐之内矣。

凡为人先从孝友起，孝不但敬爱生父，凡伯父叔父，皆当敬爱之；不但敬爱生母，凡嫡母继母、伯叔母，皆当敬爱之，乃谓之孝。友则同父子兄弟姐妹，同祖之兄弟姐妹，同曾祖高祖之兄弟姐妹，皆当和让，比乃古人所谓亲九族也。读书不知此，用书何为！童幼有时争言，吾亦不禁，独令人伤心之言，不得出诸口；较量钱财有无，悖理行私之事，不可存于心。将吾此书熟读牢记，以防再犯，并令诸兄弟姐妹，各写一通。

译文

我听说你骂苓姐，说伯父不配做官，你父亲做官有钱；想要驱赶苓姐，不让她吃你父亲的钱买来的东西等话，这样的话违背天理人伦，没有什么比这更过分的！

世人常说兄长就像父亲，长嫂就像母亲，孩子有钱财，应该归父亲，弟弟有钱财，应当归兄长。我和你的伯父，终身没有分离过，岂有分别你我有无的道理！伯父在世时，我不能像对待父亲一样对待他，现在他去世已经八年，再也见不到了，我常常痛心，所以把你过继给伯父，希望你读书明理。哪知道你这样年幼，居心和说话已经到了如此放肆刻薄的地步！伯父的才学，是我的十倍，他没有做官是命中注定，哪里是不配做官呢？做官的钱，都来自老百姓，不是好钱。所以好官必然不爱钱财。我虽然没有高尚的品德，怎么会愿意用这样的钱，来养活你们和妻子呢！兄弟的孩子，古时候叫作犹子，意思是和自己的孩子没有两样。苓姐是我兄长的孩子，和你有什么不一样！我如果只偏爱你，驱逐苓姐，不给她吃饭，尚且不是人，何况你呢！而且你也是伯父的继子，如果要把侄子们都赶走，那么你也应当在被赶走的人当中。

凡是做人先从孝顺和友爱做起，不但要孝顺和敬爱亲生父亲，凡是叔父伯父，都应当敬爱；不光要敬爱亲生母亲，凡是嫡母继母、伯母叔母，都应当敬爱，这才叫作孝顺。友爱则是同一个父亲生出的兄弟姐妹，同一位祖父生出的兄弟姐妹，同一位曾祖高祖的兄弟姐妹，都应该和睦忍让，这就是古代所谓的亲九族的意思。你天天读书，却不明白这个道理，读书有什么用！孩子年幼，有时斗嘴，我也不制止，只是让人伤心的话，不能从你口中说出来；计较钱财的有无是违背道理的事情，不可存在心里。你要把这封信熟读牢记，防止再犯，并且让你的各位兄弟姐妹各自都把这封信抄写一遍。

五

严复

勿以他人之痛苦为自己的快乐

严复（1854—1921），原名传初，后来改名为宗光，字又陵，后来又改名复，字几道，晚年号称愈野老人。严复是福建侯官（今福州市）人，是中国近代启蒙思想家、翻译家。

严复系统地将西方的社会学、政治学、政治经济学、哲学和自然科学介绍到中国，他翻译了《天演论》《原富》《群学肄言》《群己权界论》《社会通诠》《法意》《名学浅说》《穆勒名学》等著作。他的译著在当时影响巨大，是中国20世纪最重要的启蒙译著。严复的翻译考究、严谨，每个译称都经深思熟虑，他提出的“信、达、雅”的翻译标准对后世的翻译工作产生深远影响。

在深山养病期间，严复因好久没有得到儿子的书信，便写信给儿子，要其多读书，这样才免得顽皮、残忍暴戾。虽说严父出孝子，但是在信的最后严复也以贴心自白的口吻表达自己对儿子的思念之情。

勿以他人之痛苦为自己的快乐

儿多时不作信与我，想是与笔墨相骂了耶？长日不读书，闻但一味顽劣，顽劣犹可，千万不要暴戾，残忍暴戾，足以闯祸，

残忍尤其不可。何谓残忍？即以他人他物之苦为汝之乐是也。现世之伟人军人，便是如此，比皆绝子害孙千古骂名之人，吾儿岂可学之？大大在山养病，极念吾儿，吾儿切要听话好学，不然大大就不疼吾儿了。

译文

孩子你好久没有写信给我了，想必是和笔墨吵架了吧！你好多天不去读书，听说只是一味地顽皮捣乱。顽皮捣乱还不算什么，但千万不要残忍和暴戾。残忍和暴戾，最终是要闯祸的，而残忍尤其要不得。什么是残忍呢？就是把他人或他物的痛苦当作自己的快乐。现在社会上有些所谓的“伟人”和“军人”，就是这样做的，他们都将是断子绝孙、留下千古骂名的人，我儿怎么能去学他们呢？爸爸在山里养病，很挂念你。你一定要听话学好，否则爸爸就不疼你了。

六

左宗棠

论学与战——与诸子

左宗棠（1812—1885），汉族，字季高，一字朴存，号湘上农人。晚清重臣，军事家、政治家、著名湘军将领，洋务派首领。左宗棠少年时屡试不第，后就读于长沙岳麓书院。他留意农事，遍读群书，钻研舆地、兵法。

左宗棠一生尊崇儒学，极为主张“兴教劝学”，以振兴传统的封建教育。同时，他能够正视西学东渐的影响并顺应近代化的潮流，积极倡导兴办“艺局”，培养新式人才。还由于出身“寒素”和一贯奉行“通经致用”的因素，他在关于家庭教育的论述方面，讲求保持“耕读家风”，强调“读书非为科名计”。

下面这封信正是左宗棠写给他的子女的，信中既强调了学习西方技艺的重要性，也提醒不要忽视儒家文化的学习。

论学与战——与诸子

近代人们见到西洋制造技艺非常精密，自己也知道很难赶上，就想借酒浇愁，作为眼前的苟且之计。我私下对这种做法不敢苟同。说起学就说到技艺，说打仗就专精于兵器，只不过是学和打仗的一个方面。

我做不到而别人做到的，我就要向别人学习他们的长处。如

果说学就是技艺，战争就是兵器的比拼，怎么能是这样的呢？

我们读书人，志向应该远大，知识驳杂和投机取巧不是儒家崇尚的，有时候迂远疏阔收效甚微，不像小技艺那样值得观看，致使人们把儒学当作儿戏，这本来是学者的失误，难道是儒学耽误了他们吗？

乡里有个富人盖了新房，落成的时候，设宴款待宾客，而让宾客坐在学校老师的上座，一桌人都大笑起来，这件事就沦为笑柄了。现在发出那些言论的人，不正像那个富人吗？

第二章 读书治学

读书颐养性情，治学成就品格。读书治学从古至今向来备受重视。望子成龙，望女成凤可谓是父母们一生的夙愿，连林则徐这样的“民族英雄”也不“免俗”，他不仅要求孩子读书，而且还要专心致志。现代有部分父母，因为自己不读书，所以对孩子的要求也不高，只要孩子肯读书就心满意足，根本不去理会什么方法，这也是曾国藩交给孩子的读书方法为什么至今还在广为流传的首要原因；冰心，文坛上严谨治学的典范，在给全国小朋友的信中，始终教导他们写作文要有科学态度；史学家顾颉刚，千里传书，为女儿抄写诗词，其目的旨在为了让女儿养成读书治学的好习惯。他们为何如此重视读书治学，一言而蔽之，养成读书治学的好习惯，不仅让人学得知识，更为重要的是可以影响一个人一生的生活品质。

一 林则徐

读书要专心致志——训三儿拱书

林则徐（1785—1850），福建省侯官（今福州市区）人，字元抚，又字少穆、石麟，晚号俟村老人、俟村退叟、七十二峰退叟、瓶泉居士、栎社散人等，是清朝时期的政治家、思想家和诗人，官至一品，曾任湖广总督、陕甘总督和云贵总督，两次受命钦差大臣；因其主张严禁鸦片，在中国有“民族英雄”之誉。

1839年，林则徐于广东禁烟时，派人明察暗访，强迫外国鸦片商人交出鸦片，并将没收鸦片于1839年6月3日在虎门销毁。虎门销烟使中英关系陷入极度紧张状态，成为第一次鸦片战争，英国入侵中国的借口。

尽管林则徐一生力抗西方入侵，但对于西方的文化、科技和贸易则持开放态度，主张学其优而用之。林则徐纪念馆，墙壁上赫然写着他的教子联：“子孙若如我，留钱做什么？贤而多财，则损其志；子孙不如我，留钱做什么？愚而多财，益增其过。”有人赞叹：教子当如林则徐。

读书要专心致志——训三儿拱书

字谕拱儿知悉：

尔年已十三矣，余当尔年，已补博士弟子员。尔今文章尚未全篇，并且文笔稚气，难望有成，其故由于不专心攻苦所致。

昨接尔母来书，云尔喜习画。夫画本属一艺，古来以画传名者，指不胜屈。不过泰半是名士高人，达官显宦，方足令人敬慕。若胸中茅塞未开，所画必多俗气，只能充作画匠耳。若欲成画师，须将腹笥储满，诗词兼擅，薄有微名，则画笔自必超脱，庶不被人贱视也。

译文

我写信指示并知晓拱儿：

你年龄已经十三岁了，我在你这么大年纪时，已经被举荐成了秀才。你现在做文章尚且不能照应全篇，并且文笔也很稚嫩，难以盼望有什么成就，这正是因为你不专心刻苦攻读所致。

昨天接到你母亲的来信，说你喜欢学习绘画。绘画本来属于一种技艺，从古至今因为绘画留名后世的，扳着指头数也数不过来。不过，大半都是名人或者高雅人士，声势显赫的官员才足以让人敬仰羡慕。如果胸中茅塞未开，聪慧未明，所绘的画必然是俗气，只能充当普通的画匠。如果想要成为一代绘画大师，必须先将肚子里的学问储满，诗词都能擅长，稍微有点小名气，那么画技笔法自然而然超凡脱俗了，也许这样才不会被人轻视。

二

曾国藩

读书之法：看、读、写、作

曾国藩（1811—1872），号涤生，湖南长沙湘乡人。道光时中进士，因为他率领湘军击败太平天国，对朝廷有功，所以被封为毅勇侯，他在同治年间官居高位，是第一功臣。曾国藩不管是率领军队打仗，还是在朝里做官，都表现出十足的儒家气质和大家风范。他后来官至两江总督。

纪泽是曾国藩的次子，字劼刚，学贯中西，有诗古文及奏疏若干卷。曾国藩把读书的四个步骤以有趣的方式阐述给儿子，如把读书比作富家囤积、兵家战争，写字和作书在看书、读书的基础上有备而发。以书养人，那么做人则要讲究心存仁厚和礼节。

读书之法：看、读、写、作

字谕纪泽儿：

余此次出门，略载日记，即将日记封每次家信中，闻林文忠家书，即系如此方法。尔在省，仅至丁、左两家，余之轻出，足慰远怀。

读书之法，看、读、写、作，四者每日不可缺一。看者，如尔去年看《史记》、《汉书》、韩文、《近思录》，今年看《周易折中》之类是也。读者，如“四书”《诗》《书》《易经》《左传》诸经、《昭明文选》、李杜韩苏之诗、韩欧曾王之文，

非高声朗诵则不能得其雄伟之概，非密咏恬吟则不能探其深远之韵。譬之富家居积：看书则在外贸易，获利三倍者也，读书则在家慎守，不轻花费者也；譬之兵家战争，看书则攻城略地，开拓土宇者也；读书则深沟坚垒，得地能守者也。看书如子夏之“日知所亡”相近，读书与“无忘所能”相近，二者不可偏废。至于写字，真行篆隶，尔颇好之，切不可间断一日。既要求好，又要求快。余生平因作字迟钝，吃亏不少。尔须力求敏捷，每日能作楷书一万则几矣。至于作诸文，亦宜在二三十岁立定规模；过三十后，则长进极难。作四书文，作试贴诗，作律赋，作古今体诗，作古文，作骈体文，数者不可不一一讲求，一一试为之。少年不可怕丑，须有狂者进取之趣，过时不试为之，则后此弥不肯为矣。

至于做人之道，圣贤千言万语，大抵不外“敬恕”二字。“仲弓问仁”一章，言敬恕最为亲切。自此以外，如立则见参与前也，在舆则见其倚于衡也；君子无众寡，无小大，无敢慢，斯为泰而不骄；正其衣冠，俨然人望而畏，斯为威而不猛。是皆言敬之最好下手者。孔言欲立立人，欲达达人；孟言行有不得，反求诸己。以仁存心，以礼存心，有终生之忧，无一朝之患。 是皆言恕之最好下手者。尔心境明白，于恕字或易著功，敬字则宜勉强行之。此立德之基，不可不懂。

科场在即，亦宜保养身体。余在外平安，不多及。

再，此次日记已封入澄侯叔函中寄至家矣。余自十二至湖口，十九夜五更开船进江西省，二十一申刻即在章门。余不多及。又示。

涤生手谕

七月二十一日舟次樵舍下去江西省城八十里

译文

我这次出门，写了一些日记，现在一并将它们封入家信里寄回去。听说林则徐的家书，就是使用这种方法。你在省城，只去了丁、左两家，其余时间都不轻易出门，这很令我放心。

读书的方法，看、读、写、作，四者每天都缺一不可。看书，就如你去年看《史记》、《汉书》、韩文和《近思录》，今年看《周易折中》等书那样。读书，就像“四书”《诗》《书》《易经》《左传》等经典、《昭明文选》、李白、杜甫、韩愈、苏东坡的诗，韩愈、欧阳修、曾巩、王安石等人的文章，不高声朗诵就无法感受其中的雄伟气概；不低吟轻咏就不能挖掘它们深远的韵味。用富家囤积来比喻：看书，就是在外面进行贸易，可获利三倍；读书，就是在家慎守，不轻易花费。用兵家战争来比喻：看书，就是攻城略地，开拓疆域；读书就是构筑深沟坚垒，能把夺得的地方守住。看书像子夏的“日知所亡”，读书像“无忘所能”，两者都不可以偏爱或废弃。至于写字，真行篆隶，你如果很喜欢，就不要间断。既要写得好，又要写得快。我平生写字较慢，吃亏不少。你要力求快速，每天能写上楷书1万字就差不多了。至于写文章，也要在20到30岁时有所规模；过了30岁，文章就很难再有长进了。作四书文，作试贴诗，作律赋，作古今各体诗，作古文，作骈体文，这些不能不一一学习，一一试作。少年不必怕出丑，要有狂者进取的志向，在这个年龄段不试着去做，以后就更不肯做了。

至于做人的道理，圣贤已有千言万语，基本上不外乎“敬恕”两个字。“仲弓问仁”一章说敬恕最重要。除此之外，像站着见人就要上前行礼，坐车时见人就要靠到车前横木去；君子无论多少，无论大小，无论快慢，都能做到通达而不骄傲；整肃衣冠，看上去令人生畏，但是威而不猛。这些都是追求“敬”字的最好方法。孔子说自己有道德，才能帮助别人树立道德，自己事业发达才能帮助别人也富裕；孟子说如果身体力行没有成果，就要反省自己。心存仁厚，心存礼节，虽有终生忧虑，但绝不会遭到一时的家祸。这些都是追求“恕”字的最好方法。你心里知道，在“恕”字上或许容易见效，但“敬”字你也要勉力去做。这是立德的基础，不能不谨慎。

科试即将来临，你要注意保养身体。我在外面一切平安，不多说了。

另外，这次日记已装入澄侯叔信中寄回家了。我12日到了湖口，19日夜里五更坐船到了江西，21日申刻就到了章门。其他的不多说了。

涤生手书

7月21日船停在樵舍，离江西省城80里

三

冰心

写作文要有科学态度——给小朋友们的一封信

冰心（1900—1999），原名谢婉莹，福建长乐人。中国诗人、现代作家、翻译家、儿童文学作家、社会活动家和散文家。笔名冰心取自“一片冰心在玉壶”。

冰心从儿童的特点出发，寓教育于情趣之中，以情感人。冰心从不以少年儿童的教育者面貌出现，不以空泛的说教，生硬的训诫来教育儿童，而是采用与少年儿童促膝谈心的方式，以亲切、委婉的语调，述说自己生活中的见闻和内心的感受，并且叙述得那样有趣，那样娓娓动听，就像有一种魔力吸引着小读者。冰心在倾吐自己的感受时又是那样情感淳厚，意绪绵绵，幽幽地牵动了少年儿童的心，促使他们在激动、快乐、振奋中，不知不觉地受到作品所表现的主题思想的启迪，从中得到教益。

写作文要有科学态度——给小朋友们的一封信

亲爱的小朋友：

近来，常常得到你们的来信，问我怎样才能把作文写好。我想借五四运动六十周年这个机会，和小朋友们谈谈五四运动中的一个要求——科学。我要说的是写作文也要有科学的态度，也是认真诚实、实事求是，没有科学的态度，一定写不出真挚感人的文章。

就我自己看过的古今中外的文章来说，凡是感情诚挚，写景真实的作品，总使我感到写得入情入理，如见其景，如闻其声。否则，给读者的印象就适得其反。

例如，有一篇描写夜景的文章，是这样开头的：“我走出门来，抬头一看，呵，月圆如镜，繁星满天，这光明灿烂的夜景，使我发生了无穷的喜悦……”

“月圆如镜”“繁星满天飞”这两句话分开来说，都是很好的形容夜景的句子，但是一连起来写，就成了“荒唐言”。我怎么敢这样说呢？因为我从前也写过这样荒唐的句子，后来我因病到医院疗养，躺在床上看了许许多多夜晚的月亮和星星，我才体会到曹操的诗“月明星稀，乌鹊南飞”的写景是多么真实！因为

"月"——"明"了，"星"自然就"稀"了，甚至看不到了。我从前写的什么"星月交辉"，是一句荒唐无知的话。

再举一个例子，有一篇描写国庆节游园的文章，是这样开头的："国庆节的公园，是多么丰富多彩呵，迎面的花坛上的菊花和牡丹，争奇斗艳，我的心花也随之而怒放……"这几句话，如果描写的是春节广州的花市，也还有可能，但是在国庆节的北京，菊花和牡丹是不可能在花坛上争奇斗艳的，因为牡丹不是在北方十月开放的花朵。

文章写景不真实，就使得读者对作者的"无穷的喜悦"和"心花怒放"感情的真实性，也起了怀疑。

小朋友，写文章说难也难，说容易也很容易，古今中外，能够流传下来的作品，都是经过千千万万读者评定的，群众是不会忘掉一篇写情诚挚、写景真实的好文章的。对小朋友来说，说老实话不是最容易的事吗？写真情实景不是比扶头苦想、拼凑抄袭容易得多吗？

关于怎样才能写好作文的经验和教训，我能说的只是这些。

祝你们快乐、进步！

你们忠实的朋友　冰心

一九七九年四月十六日

（最初发表于《中国少年报》1979年5月2日）

四 梁启超 学问是生活，生活是学问

梁启超（1873—1929），字卓如，号任公，又号饮冰室主人，广东新会人，是中国近代史上著名的政治活动家、宣传鼓动家，又是一位学术文化史专家。他一生留下了数量浩繁的文字著作，如《饮冰室合集》。

梁启超这位大著作家不但留下了大量的时事论文、学术专著，也为我们留下了数量可观的书信。家信更多的是涉及孩子们读书、写字、学习课程、选择学校、选择职业等许多方面。这些书信，对他子女的成长起了良好的作用，他们个个成才，有的还成为国家的栋梁之材，这在近代的名人家庭中是并不多见的。

大女儿梁思顺，小名令娴，1893年出生于广东新会，她是梁启超最宝贝的长女。梁启超亲自教她读书，为她写过很多诗词，加上她自幼爱好诗词和音乐，而梁启超对思顺秉持着“学问是生活，生活是学问”的教育主张。

学问是生活，生活是学问

我间数日辄得一书，欢慰无量。昨晚正得汝书，言大学校长边君当来。今晨方起，未食点心，此老已来了。弄得我狼狈万状，把我那“天吴紫凤”的英话被迫出来对付了十多分钟，后来才偕往参观两开，请张伯苓当了一次翻译。彼今日下午即入京，我明晨仍入京，拟由讲学社请彼一次，但现在京中学潮未息，恐不能热闹矣。某党捣就此意中事，希哲当不以介意，凡为社会任事之人必受风波。吾数十年日在风波中生活，此汝所见惯者，俗语所谓见怪不怪，其怪自败，吾行吾素可耳。延伟为补一主事，甚好。尝告彼“学问是生活，生活是学问”，彼宜从实际上日用饮食求学问，非专恃书本也。汝三姑嘉礼日内便举行，吾著书已极忙，人事纷扰，颇以为苦，但家有喜事，总高兴耳。王姨有病入京就医，闻已大痊矣。

父示娴儿

一九二一年五月三十日

五 胡适

功课和品行要列最优等，做人要做最上等

胡适（1891—1962），原名嗣糜，字适之，徽州绩溪人。曾任北京大学校长、台湾“中央研究院”院长、国民政府驻美大使等职。胡适因提倡文学改良而成为新文化运动的领袖之一，是第一位提倡白话文、新诗的学者，致力于推翻两千多年的文言文，虽与陈独秀政见不合，但与其同为“五四运动”的核心人物，对中国近代史产生了较为深远的影响。

胡祖望作为胡适的长子，自小离家求学，也正是这样才得到真正的锻炼。正如胡适在信中所说，“离家使你操练独立的生活；使你操练合群的生活；使你自己感觉用功的必要”。对长子的教育概括为“三最”：功课要考最优等，品行要列最优等，做人要做最上等。除此，还有生活小事的细心叮嘱，不要买摊头食物、不要喝生水等。

功课和品行要列最优等，做人要做最上等

祖望：

你这么小小年纪，就离开家庭，你妈和我都很难过。但我们为你想，离开家庭是最好办法：第一使你操练独立的生活；第二使你操练合群的生活；第三使你自己感觉用功的必要。自己能照应自己，服侍自己，这是独立的生活。饮食要自己照管，冷暖要自己知道，最要紧的是做事要自己负责任。你功课做得好，是你自己的光荣；你做错了事，学堂记你的过，惩罚你，是你自己的羞耻。做得好，是你自己负责任；做得不好，也是你自己负责任。这是你自己独立做人的第一天，你要凡事小心。

你现在要和几百人同学了，不能不想想怎么样才可以同别人合得来好。人与人相处，这是合群的生活。你要做自己的事，但不可妨害别人的事；你要爱护自己，但不妨害别人。能帮助别人，须要尽力帮助人，但不可帮助别人做坏事。如帮人作弊，帮人犯规则，都是帮人做坏事，千万不可做。

合群有一条基本规则，就是时时要替别人想想，时时要想想“假使我做了它，我应该怎样？”“我受不了的，他受得了吗？我不愿意的，他愿意吗？”你能这样想，便是好孩子。你不是笨人，功课应该做得好。但你要知道，世上比你聪明的人多得很，你若不用功，成绩一定落后。功课及格，那算什么？在一个班

要赶在一班最高一排，在一校要赶在一校最高一排。功课要考最优等，品行要列最优等，做人要做最上等的人，这才是有志气的孩子。但志气要放在心里，要放在功夫里，千万不可放在嘴上，千万不可摆在脸上。无论你志气怎样高，对人切不可骄傲；无论你成绩怎么好，待人总要谦虚和气。你越谦虚和气，人家越敬你爱你；你越骄傲，人家越恨你，越瞧不起你。

儿子，你不在家中，我们时时想念你，你自己要保重身体。你是徽州人，要记住"徽州朝奉，自己保重"。

你要记得下面的几件事：

（1）不要买摊头上的食物。微生物可怕!

（2）不要喝生水冷水。微生物可怕!

（3）不要贪凉。身体受了寒冷，如同水冰了不流，如同汽车上汽油冻住了汽车便开不动。许多病是这样来的。

（4）有病赶快寻医生。头痛是发热的表示，赶快试验温度表（体温计），看看有无热度。

（5）两脚走路觉得吃力时，赶快请医生验看，怕是脚气病。脚气病是学堂里常有的，最可怕，最危险。

（6）学校饮食里的滋养料不够，故每日早起需吃麦精一匙。可试用麦精代替糖浆，涂在面包上吃吃看。这几条都是很要紧的，千万不要忘记。

你写信给我们，也须编号数，用一本簿子记上，如下式：

家信苏州第一号。某月某日寄

苏州第二号。某月某日寄

你收的家信，也记在簿上：

爸爸苏州第一号。八月廿七日收

爸爸苏州第二号。某月某日收

妈妈第三号。某月某日收

儿子，不要忘记我们，我们不会忘记你。努力做一个好孩子。

爸爸

1989年8月26日

六 顾颉刚

手不颤就要为女儿抄诗词

顾颉刚（1893—1980），汉族，名诵坤，字铭坚，号颉刚。江苏苏州人。中国现代著名历史学家、民俗学家，古史辨学派创始人，现代历史地理学和民俗学的开拓者、奠基人。

在信中，顾颉刚给女儿顾湲细致地讲解了一些古代诗词作品及历史人物的思想性格，介绍了一些古代社会的文化知识，并对女儿的学习及写作给予具体的指导，表现了顾颉刚对女儿求学上进的殷切之情。

手不颤就要为女儿抄诗词

湲儿：

昨天寄你李白、杜甫两首诗，为了怕超过了重量，所以没有写信。今天再抄一首汉代的寄给你。

你能看到老子这书，又能用这书的话来勉励自己，使我非常高兴。古代文化里有不少可为今用的话，可惜很少人能搜剔出来，你将来可以做这工作。只要你住在北京，我就可以随时供给

你资料。例如古代的寓言和神话（愚公移山一类的），就是一个丰富的仓库。

这回寄给你的《陌上桑》，是古代的一出喜剧。采桑养蚕原来是自古相传的妇女田野劳动，可是这位罗敷却打扮得这样华丽，害得见她的男子个个涎着脸看，舍不得走开。其中有一位大官，驾着五匹马的车来，看她这样美，想抢她回家，派人问她的年龄和家世，想不到碰到的乃是一位官太太，她的丈夫已经做到"专城居"（大概是一郡的太守）的大官了。这个好色的官吏只得无精打采地走开了。如果她是贫家女子，那就被他拉上车了。这可见古代妇女被掠夺者之多，然而这究竟是一个故事。丈夫官做得这么高，这位夫人哪会来采桑？即使去采桑，又何必打扮得这么华丽，成为采桑队里的一个特殊人物，来引诱男子的挑逗？

这诗的用韵并不严格，有些句子简直没有韵。"不"就是"否"。该读的诗太多了，只要我的手不太颤，就陆续抄给你。

父刚

一九七二年十一月八日

湲儿：

你来信要我隔一两星期寄给你一两首诗词，但我兴致一来就按捺不住，好似一天不抄就欠你一笔债似的。我要你明白中国诗的历史，就要上起诗经、楚辞中历汉、魏、六朝，下迄唐、五代、两宋，直到近世。你既懂得它的格律和思想，我家多的是这方面的资料（大半是我的父亲所搜集），你将来如有兴趣，有空闲，就可把这部分书留下来，供你欣赏或编选了。我的父亲是酷好文学的，我曾把他的写作保存下来，不幸碰到"七七事变"，我只身离京，这些稿子就没有着落了。我从幼年到二十五岁也是喜欢文学的，自从"五四运动"后，我的兴趣转向到史学，把原来的爱好丢了。现在你既爱好文学，又勾引起我的旧兴。但是这些诗的形式你可以选取，这些诗的技巧你也可以模仿，可是它的思想感情你须加以批判和扬弃，这是因为时代前进了，社会变质了，一切的精神和面貌都改变了，不可能再来这一套了。新近看到《人民日报》（七二·十一·十七，第四版）赵朴初写的一篇《现代诗中应有铁》文章，他引胡志明主席在广西狱中的一汉文诗："古诗偏爱天然美，山、水、烟、花、雪、月、风。现代诗中应有铁，诗家也要会冲锋。"赵先生和了他一首："卷地破关飞怒焰，人民呼吸起雄风。诗中自有铮铮铁，好教凶顽识刃锋。"湲儿，你如因读了古诗而发生创作欲时，你也须得有这样的气概！匆此，即祝安好！

父刚手笔

一九七二年十一月二十八日

七 徐悲鸿

国难日亟，要刻苦用功

徐悲鸿（1895—1953），汉族，原名徐寿康，江苏宜兴市屺亭镇人。中国现代画家、美术教育家。与张书旗、柳子谷三人被称为画坛的"金陵三杰"。所作国画彩墨浑成，尤以奔马享名于世。被称为中国现代美术教育的奠基者，主张发展"传统中国画"的改良。

他自幼刻苦学习，终成大器。这封

信写于1939年，正值日寇侵华、国家危难之际，徐悲鸿仍反复叮嘱儿女用功学习，这种行为实属难能可贵。

国难日亟，要刻苦用功

伯阳丽丽两爱儿同鉴：

我因要尽到我个人对于国家之义务，所以想去南洋卖画，捐予国家，行未到半路（香港）便道封锁，幸能安全出国，但因未曾领得护照，又多耽搁了近两个月，非常心焦，亦无别法可行。兹已定今夜一月四日乘荷兰船赴新加坡。在路上有四日，如能一切顺利，二月中定能返到重庆。国难日亟，要晓得刻苦用功。……我虽在外，工作不懈，身体不好亦不坏。可勿念。你二人须用功算学及体操。旧邮六张两人分之。外祖父前代我请安，母亲代我问安。

父字

一九三九年六月四日

齐家篇

子风
士颂

與會當鋪

第三章 齐家和睦

当下的社会问题越来越严重，实则是家庭教育出了问题。纵观现在的孩子，不缺知识教育，缺的反倒是家庭和家规教育。“勤俭，治家之本。和顺，齐家之本。谨慎，保家之本。诗书，起家之本。忠孝，传家之本。”这系列的“本”教育于当下已经在逐渐远离我们的家庭生活。试想，教育缺失了本质，还能发挥效能吗？不可否认，颜氏家训、朱子家训，不仅为我们树立治家与齐家的典范，同时也影响并改变了不少家庭；鲁迅、叶圣陶以及老舍先生的关于讨论如何做好父亲，乃是鲜活的父母学堂；可见，父母唯有做好了本职，勇于承担教育的重任，孩子才能健康成长，家庭才会和睦。

一 颜之推 颜氏家训

《颜氏家训》是中国历史上现存最早、影响极大的家训专著，开后世“家训”的先河，是我国古代家庭教育理论宝库中的一份珍贵遗产，被誉为“古今家训之祖”。作者颜之推（531—约591），字介，琅邪临沂（今山东临沂）人。出生在士族官僚之家，从小就深受儒家名家礼法的熏陶，博览群书，善写文章。他结合自己的人生经历，亲身感悟，以儒家思想为宗，著成这本传世家训，训诫后世子孙为人处世之道。

《颜氏家训》的内容十分广泛，涉及教子、持家、修身、处世、为学、务实、养生等多个领域，适应了封建社会教育子孙为人、立身、治家的需求，对当下家庭伦理、道德修养也有着重要的借鉴作用。

《颜氏家训》就内容而言，可分为两个方面，一是修身，二是齐家。在修身方面，他提倡学习，反对不学无术；认为学习应以读书为主，又要注意工农商贾等方面的知识；主张“学贵能行”，反对空谈高论，不务实际等。在齐家方面，颜氏重点谈及要形成良好的家风。良好家风的形成取决于一家之中长者、尊者榜样的力量，勤俭节约的朴素作风。下面精选“治家”篇中的部分文章，以飨读者。

原文

夫风化者，自上而行于下者也

夫风化者，自上而行于下者也，自先而施于后者也。是以父

顏氏家訓節錄

古人勤學有握錐投斧照雪聚螢鋤則帶經牧則編簡亦為勤篤梁世彭城劉綺交

不慈则子不孝，兄不友则弟不恭，夫不义则妇不顺矣。父慈而子逆，兄友而弟傲，夫义而妇陵，则天之凶民，乃刑戮之所摄，非训导之所移也。

笞怒废于家，则竖子之过立见；刑罚不中，则民无所措手足。治家之宽猛，亦犹国焉。

孔子曰：“奢则不孙，俭则固。与其不孙也，宁固。”又云：“如有周公之才之美，使骄且吝，其余不足观也已。”然则可俭而不可吝已。俭者，省约合礼之谓也；吝者，穷急不恤之谓也。今有施则奢，俭则吝；如能施而不奢，俭而不吝，可矣。

生民之本，要当稼穑而食，桑麻以衣。蔬果之畜，园场之所产；鸡豚之善，树圈之所生。复及栋宇器械，樵苏脂烛，莫非种植之物也。至能守其业者，闭门而为生之具以足，但家无盐井耳。今北土风俗，率能躬俭节用，以赡衣食。江南奢侈，多不逮焉。

译文

教育感化这件事，是从上向下推行的，是从先向后施行影响的。所以父不慈爱就子不孝顺，兄不友爱就弟不恭敬，夫不仁义就妇不温顺了。至于父虽慈而子要叛逆，兄虽友爱而弟要傲慢，夫虽仁义而妇要欺侮，那就是天生的凶恶之人，要用刑罚杀戮来使他畏惧，而不是用训诲诱导能改变的。

家里没有人发怒、不用鞭打，那童仆的过错就会马上出现；刑罚用得不确当，那老百姓就无所措其手足。治家的宽仁和严格，也好比治国一样。

孔子说："奢侈了就不恭顺，节俭了就固陋。与其不恭顺，宁可固陋。"又说："如果有周公那样的才、那样的美德，但只要他既骄傲且啬吝，余下的也就不值得称道了。"这样说来是可以俭省而不可以吝啬了。俭省，是合乎礼的节省；吝啬，是对困难危急也不体恤。当今常有讲施舍就成为奢侈，讲节俭就进入到吝啬。如果能够做到施舍而不奢侈，俭省而不吝啬，那就很好了。

老百姓生活最根本的事情，是要播收庄稼而食，种植桑麻而衣。所贮藏的蔬菜果品，是果园场圃之所出产；所食用的鸡猪，是鸡窝猪圈之所蓄养。还有那房屋器具，柴草蜡烛，没有不是靠种植的东西来制造的。那种能保守家业的，可以关上门而生活必需品都够用，只是家里没有口盐井而已。如今北方的风俗，都能做到省俭节用，温饱就满意了。江南一带地方奢侈，多数比不上北方。

借人典籍，皆须爱护

借人典籍，皆须爱护，先有缺坏，就为补治，此亦士大夫百行之一也。济阳江禄，读书未竟，虽有急速，必待卷束整齐，然后得起，故无损败，人不厌其求假焉。或有狼籍几案，分散部帙，多为童幼婢妾之所点污。风雨虫鼠之所毁伤，实为累德。吾每读圣人之书，未尝不肃敬对之；其故纸有"五经"词义及贤达姓名，不敢秽用也。

吾家巫觋祷请，绝于言议；符书章醮，亦无祈焉。并汝曹所见也，勿为妖妄之费。

译文

借别人的书籍，都必须爱护，原先有缺失损坏卷页，要给修补完好，这也是士大夫百种善行之一。济阳人江禄，每当读书未读完时，即使有紧急事情，也要等把书本卷来整齐，然后才起身，因此书籍不会损坏，人家对他来求借不感到厌烦。有的人把书籍在桌案上乱丢，以致卷帙分散，多被小孩婢妾弄脏，又被风雨虫鼠毁伤，这真是有损道德。我每读圣人写的书，从没有不严肃恭敬地相对。废旧纸上有“五经”文义和贤达人的姓名，也不敢用在污秽之处。

我们家里从来不讲巫婆或道僧祈祷神鬼之事；也没有用符书设道场去祈求之举。这都是你们所见到的，切莫把钱花费在这些巫妖虚妄的事情上。

二 袁采 袁氏世范

《袁氏世范》，被誉为“《颜氏家训》之亚”，在中国家训发展史上占有重要的地位。作者袁采，生年不详，卒于1195年，字君载，南宋信安（今浙江常山县）人。以廉明刚直见称，官至临登闻检院。曾任乐清县令，修县志十卷，《袁

氏世范》作于任温州乐清县县令期间，他感慨当年子思在百姓中宣传中庸之道的做法，以自身的处世经验和感悟，开始撰写《袁氏世范》之一治家格言录，用以践行伦理教育，美化风俗习惯。

《袁氏世范》分《睦亲》《处己》《治家》三篇，各篇又有若干则。《睦亲》篇共60则，论及父子、兄弟、夫妇、妯娌、子侄等各种家庭成员关系的处理。《处己》计55则，纵论立身、处世、言行、交游之道。《治家》共72则，纵论持家兴业的经验之谈以及家庭日常生活的各个方面。

相对于宋代以前浓重的书卷气和学术特色的家训而言，《袁氏世范》给人的感觉是一个对人生世相似乎了然于胸的长者把他的宝贵处世经验娓娓道来，语言通俗平常，如话家常。下面我们追随长者娓娓道来的脚步，来学习袁氏治家之道。

居家贵宽容

自古人伦，贤否相杂。或父子不能皆贤，或兄弟不能皆令，或夫流荡，或妻悍暴，少有一家之中无此患者，虽圣贤亦无论之何。譬如身有疮痍疣赘，虽甚可恶，不可决去，惟当宽怀处之。

能知此理，则胸中泰然矣。古人所以谓父子、兄弟、夫妇之间人所难言者如此。

译文

自古以来的人伦关系，贤达和不肖相杂。有的父子做不到贤达，有的兄弟做不到和美，有的丈夫随便放荡，有的妻子悍厉粗暴，很少有一家中能免此患。即使圣贤之人也无可奈何。正如身上生有创伤和脓疽疮痛，虽然非常厌烦它，却不能够除去，只应该以宽怀之心来对待。

如果能懂得这个道理，那么对待此事就会非常坦然。古人所谓父子、兄弟、夫妇之间难以言说的就是这些。

顺适老人意

年高之人，作事有如婴孺，喜得钱财微利，喜爱饮食、果实小惠，喜与孩童玩狎。为子弟者，能知此而顺适其意，则尽其欢矣。

译文

年纪大的人，做事好像孩子一样，喜欢得到钱财上的小小利益，喜欢接受饮食、果实等好吃的东西，并且很愿意和孩子一块儿玩耍。作为老人的后辈，如若能明白这个道理而顺应满足老人的意愿，那么就会使老人晚年过得舒服、惬意。

睦邻里以防不虞

居宅不可无邻家，虑有火烛，无人救应。宅之四围，如无溪流，当为池井，虑有火烛，无水救应。又须平时抚恤邻里有恩义。

有士大夫平时多以官势残虐邻里，一日为仇人刃其家，火其屋宅。邻里更相戒曰：“若救火，火熄之后，非惟无功，彼更讼我。以为盗取他家财物，则狱讼未知了期。若不救火，不过杖一百而已。”邻里甘受杖而坐视其大厦为灰烬，生生之具无遗。

此其平时暴虐之效也。

译文

你居住的家，周围不可没有邻居。不然的话，一旦遇有火灾，就没有人前来救应。住宅的周围，如果没有溪流，应该挖个水池或水井，否则，一旦不慎失火，就没有水用来扑火。此外，与邻居相处还应该在平时与邻里搞好关系。

有位士大夫平日依仗权势残害乡邻。一天，有仇人来杀他的家人，烧他的房子，邻居不但不救，反而互相告诫说：“如果大家去救火，火被扑灭后，不但没有功劳，反而还要诬告你偷了他家的钱财，那样官司不知要打到什么时候。如果我们不去救火，顶多不过被打一百杖而已。”对这样的人家，邻居们甘愿被杖打一百，也不愿意去救火，而眼看着他的家化为灰烬，生活用具、物品被烧光。这是他平日残害邻居百姓的报应。

原文

火起多从厨灶

火之所起，多从厨灶。盖厨屋多时不扫，则埃墨易得引火。或灶中有留火，而灶前有积薪接连，亦引火之端也。夜间最当巡视。

译文

家中起火，大多是从厨房、灶台开始的。这大概是因为厨房长久不打扫，烟油污垢积得多了，就容易引起火灾。有的是由于火灶中留有余火，而且灶前又有干柴堆积，二者相遇，极易引起火灾。所以，厨灶是夜间巡视时最应该去的地方。

原文

小儿银饰易致祸

富人有爱其小儿者，以金银宝珠之属饰其身。小人有贪者，于僻静处坏其性命而取其物，虽闻于官而置于法，何益？

译文

富有的人家喜欢自己的小孩，就用金银珠宝之类制成的装饰品装扮他。有贪财的小人为了得到这些饰品，就会在僻静无人的地方，杀死孩子，而夺走他身上的饰物。即使你报了案，官府也将其法办了，那对于因此而受害的小儿有什么益处呢？

三 包拯

包拯家训

包拯（999—1062），庐州合肥（今安徽合肥）人，字希仁。北宋名臣。历任开封知府、权御史中丞、三司使等职。嘉祐六年（1061年），任枢密副使。后卒于位，谥号“孝肃”。包拯做官以断狱英明刚直而著称于世，有“包公”“包青天”之美誉。

包拯以廉洁公正著称，刚直不阿，

执法如山。他在晚年为子孙后代制订了一条家训。寥寥三十七字，凝聚着包公的一身正气、两袖清风，虽千载之下，亦足为世人风范。

历史上的包拯，不愧为值得肯定与歌颂的政治家、改革家与律专家。他为民请命的一生，将永远使人怀念。刚正不阿，为人正直。这正体现了包拯家训的核心思想：做人不能贪图功名利禄，为人要正直。

原文

“后世子孙仕宦，有犯赃滥者，不得放归本家；亡殁之后，不得葬于大茔之中。不从吾志，非吾子孙。”共三十七字，其下押字又云：“仰珙刊石，竖于堂屋东壁，以诏后世。”又十四字。珙者，孝肃之子也。

译文

“后代子孙做官的人中，如有犯了贪污财物罪而撤职的人，都不允许放回老家；死了以后，也不允许葬在祖坟上。不继承我的志愿，就不是我的子孙后代。”原文共有三十七个字。在家训后面签字时（包拯）又写道：“希望包珙把上面一段文字刻在石块上，把刻石竖立在堂屋东面的墙壁旁，用来告诫后代子孙。”原文又有十四个字。包珙，就是包拯的儿子。

四 朱柏庐 朱子家训

《朱子家训》又名《朱子治家格言》《朱柏庐治家格言》，是以家庭道德为主的启蒙教材。作者朱伯庐（1627—1698年），原名用纯，字致一，自号柏庐。明末清初江苏昆山（今属昆山市）人。自幼致力读书曾考取秀才，志于仕途。清入关明亡遂不再求取功名，居乡教授学生，并潜心程朱理学，主张知行并进，一时颇负盛名。康熙曾多次征召，他坚辞博学鸿词之荐。著有《删补易经蒙引》《四书讲义》《劝言》《耻耕堂诗文集》《大学中庸讲义》和《愧讷集》。其《治家格言》，世称《朱子家训》，流传很广。

《朱子家训》被历代士大夫尊为“治家之经”，清至民国年间一度成为童蒙必读课本之一。作者用浅显易懂、对仗工整的文字精辟地阐述了修身治家之道。全文共524字，短小精悍，全篇皆是以名言警句的形式进行表达，不但读起来朗朗上口，而且也可以写成对联挂在厅堂、居室中，作为治家、教育后代的座右铭。

原文

黎明即起，洒扫庭除，要内外整洁，
既昏便息，关锁门户，必亲自检点。
一粥一饭，当思来处不易；
半丝半缕，恒念物力维艰。
宜未雨而绸缪，毋临渴而掘井。
自奉必须俭约，宴客切勿流连。
器具质而洁，瓦缶胜金玉；饮食约而精，园蔬胜珍馐。
勿营华屋，勿谋良田。
三姑六婆，实淫盗之媒；婢美妾娇，非闺房之福。
奴仆勿用俊美，妻妾切忌艳妆。
宗祖虽远，祭祀不可不诚；子孙虽愚，经书不可不读。
居身务期质朴，教子要有义方。
勿贪意外之财，勿饮过量之酒。
与肩挑贸易，毋占便宜；见穷苦亲邻，须加温恤。
刻薄成家，理无久享；伦常乖舛，立见消亡。
兄弟叔侄，须分多润寡；长幼内外，宜法属辞严。
听妇言，乖骨肉，岂是丈夫；重资财，薄父母，不成人子。
嫁女择佳婿，毋索重聘；娶媳求淑女，勿计厚奁。
见富贵而生谄容者，最可耻；遇贫穷而作骄态者，贱莫甚。
居家戒争讼，讼则终凶；处世戒多言，言多必失。
勿恃势力而凌逼孤寡；毋贪口腹而恣杀牲禽。
乖僻自是，悔误必多；颓惰自甘，家道难成。
狎昵恶少，久必受其累；屈志老成，急则可相依。
轻听发言，安知非人之谮诉，当忍耐三思；
因事相争，焉知非我之不是，须平心暗想。
施惠无念，受恩莫忘。

凡事当留余地，得意不宜再往。

人有喜庆，不可生妒忌心；人有祸患，不可生喜幸心。

善欲人见，不是真善；恶恐人知，便是大恶。

见色而起淫心，报在妻女；匿怨而用暗箭，祸延子孙。

家门和顺，虽饔飧不济，亦有余欢；

国课早完，即囊橐无余，自得至乐。

读书志在圣贤，非徒科第；为官心存君国，岂计身家。

守分安命，顺时听天。为人若此，庶乎近焉。

译文

每天早晨黎明就要起床，先用水来洒湿厅堂内外的地面然后扫地，使厅堂内外整洁；到了黄昏便要休息并亲自查看一下要关锁的门户。

对于一顿粥或一顿饭，我们应当想着来之不易；对于衣服的半根丝或半条线，我们也要常念着这些物资的产生是很艰难的。

凡事先要准备，像没到下雨的时候，要先把房子修补完善，不要“临时抱佛脚”，像到了口渴的时候，才来掘井。

自己生活上必须节约，聚会在一起吃饭切勿留连忘返。

餐具质朴而干净，虽是用泥土做的瓦器，也比金玉制的好；食品节约而精美，虽是园里种的蔬菜，也胜于山珍海味。

不要营造华丽的房屋，不要贪图好的田园。

社会上不正派的女人，都是邪淫和盗窃的媒介；美丽的婢女和娇艳的姬妾，不是家庭的幸福。

家僮、奴仆，不可雇用英俊美貌的，妻、妾切不可有艳丽的妆饰。

祖宗虽然离我们年代久远了，祭祀却仍要虔诚；子孙即使愚笨，教育也是不容怠慢的。

自己生活节俭，以做人的正道来教育子孙。

不要贪不属于你的财，不要喝过量的酒。

和做小生意的挑贩们交易，不要占他们的便宜，看到穷苦的亲戚或邻居，要关心他们，并且要给他们金钱或其他的援助。

对人刻薄而发家的，绝没有长久享受的道理。行事违背伦常的人，很快就会消灭。

兄弟叔侄之间要互相帮助，富有的要资助贫穷的；一个家庭要有严正的规矩，长辈对晚辈言辞应庄重。

听信妇人挑拨，而伤了骨肉之情，哪里配做一个大丈夫呢？看重钱财，而薄待父母，不是为人子女的道理。

嫁女儿，要为她选择贤良的夫婿，不要索取贵重的聘礼；娶媳妇，须求贤淑的女子，不要贪图丰厚的嫁妆。

看到富贵的人，便作出巴结讨好的样子，是最可耻的，遇着贫穷的人，便作出骄傲的态度，是鄙贱不过的。

居家过日子，禁止争斗诉讼，一旦争斗诉讼，无论胜败，结果都不吉祥。处世不可多说话，言多必失。

不可用势力来欺凌压迫孤儿寡妇，不要贪口腹之欲而任意地宰杀牛羊鸡鸭等动物。

性格古怪，自以为是的人，必会因常常做错事而懊悔；颓废懒惰，沉溺不悟，是难成家立业的。

亲近不良的少年，日子久了，必然会受牵累；恭敬自谦，虚心地与那些阅历多而善于处事的人交往，遇到急难的时候，就可以受到他的指导或帮助。

他人来说长道短，不可轻信，要再三思考。因为怎知道他不是来说人坏话呢？因事相争，要冷静反省自己，因为怎知道不是我的过错？

对人施了恩惠，不要记在心里，受了他人的恩惠，一定要常记在心。

无论做什么事，当留有余地；得意以后，就要知足，不应该再进一步。

他人有了喜庆的事情，不可有妒忌之心；他人有了祸患，不可有幸灾乐祸之心。

做了好事，而想他人看见，就不是真正的善人。做了坏事，而怕他人知道，就是真的恶人。

看到美貌的女性而起邪心的，将来报应，会在自己的妻子儿女身上；怀怨在心而暗中伤害人的，将会替自己的子孙留下祸根。

家里和气平安，虽缺衣少食，也觉得快乐；尽快缴完赋税，即使口袋所剩无余也自得其乐。

读圣贤书，目的在学圣贤的行为，不只为了科举及第；做一个官吏，要有忠君爱国的思想，怎么可以考虑自己和家人的享受？

我们守住本分，努力工作生活，上天自有安排。如果能够这样做人，那就差不多和圣贤做人的道理相合了。

五　李毓秀　弟子规

《弟子规》原名《训蒙文》，作者李毓秀（1647—1729），字子潜，号采三。山西省新绛县龙兴镇周庄村人，清初著名学者、教育家。李毓秀的人生经历平实，性情温和豁达。年轻的时候，李毓秀师从同乡学者党冰壑，游学近

二十年。科举不中后，就放弃了仕进之途，终身为秀才，致力于治学。精研《大学》《中庸》，创办敦复斋讲学。来听课的人很多，门外满是脚印。太平县御史王奂曾多次向他请教，十分佩服他的才学，被人尊称为李夫子。他根据传统对童蒙的要求，也结合自己的教书实践，写成了《训蒙文》，后来经过贾存仁修订，改名《弟子规》。

“弟子”即学生、子弟之义，人人都为人子女，人人都为人弟子，所以，“弟子”涉及所有的人。“规”就是做人的道理，行为的规范，也就是人生的真理，做事、处事待人的道理。

《弟子规》共有360句，1080个字，三字一句，两句或四句连意，和辙押韵，朗朗上口；全篇先为“总叙”，然后分为“入则孝、出则悌、谨、信、泛爱众、亲仁、余力学文”七个部分，具体列述弟子在家、出外、待人、接物与学习上应该恪守的守则规范。下面选取入则孝、出则悌两部分，来学习在家与父母和睦相处、在外待人接物亲和友善的道理。

原文

总叙

弟子规　圣人训　首孝弟　次谨信

泛爱众　而亲仁　有余力　则学文

（注:【首孝弟】“弟”为“悌”的古字，读tì。是通假字。）

译文

《弟子规》这本书，是依据至圣先师孔子的教诲而编成的生活规范。首先在日常生活中，要做到孝顺父母，友爱兄弟姐妹。其次在一切日常生活言语行为中要小心谨慎，要讲信用。和大众相处时要平等博爱，并且亲近有仁德的人，向他学习，这些都是很重要非做不可的事，如果做了之后，还有多余的时间精力，就应该好好地学习六艺等其他有益的学问。

原文

入则孝

父母呼　应勿缓　父母命　行勿懒

父母教　须敬听　父母责　须顺承

译文

父母呼唤，应及时回答，不要慢吞吞的很久才应答，父母有事交代，要立刻动身去做，不可拖延或推辞偷懒。父母教导我们做人处事的道理，是为了我们好，应该恭敬地聆听。做错了事，父母责备教诫时，应当虚心接受，不可强词夺理，使父母亲生气、伤心。

原文

冬则温　夏则清　晨则省　昏则定
出必告　返必面　居有常　业无变

译文

侍奉父母要用心体贴，二十四孝故事里，九岁的黄香（香九龄），为了让父亲安心睡眠，夏天睡前会帮父亲把床铺扇凉，冬天寒冷时会为父亲温暖被窝，实在值得我们学习。早晨起床之后，应该先探望父母，并向父母请安问好。下午回家之后，要将今天在外的情况告诉父母，向父母报平安，使老人家放心。外出离家时，须告诉父母要到哪里去，回家后还要当面禀报父母，让父母安心。平时起居作息，要保持正常有规律，做事有常规，不要任意改变，以免父母忧虑。

原文

事虽小　勿擅为　苟擅为　子道亏
物虽小　勿私藏　苟私藏　亲心伤

译文

纵然是小事，也不要任性，擅自做主，而不向父母禀告。如果任性而为，容易出错，就有损为人子女的本分，因此让父母担心，是不孝的行为。公物虽小，也不可以私自收藏占为己有。如果私藏，品德就有缺失，父母亲知道了一定很伤心。

原文

亲所好　力为具　亲所恶　谨为去

身有伤　贻亲忧　德有伤　贻亲羞

亲爱我　孝何难　亲憎我　孝方贤

亲有过　谏使更　怡吾色　柔吾声

谏不入　悦复谏　号泣随　挞无怨

译文

父母亲所喜好的东西，应该尽力去准备，父母所厌恶的事物，要小心谨慎的去除（包含自己的坏习惯）。要爱护自己的身体，不要使身体轻易受到伤害，让父母亲忧虑。（孔子曰："身体发肤受之父母，不敢毁伤。"）要注重自己的品德修养，不可以做出伤风败德的事，使父母亲蒙受耻辱。当父母亲喜爱我们的时候，孝顺是很容易的事；当父母亲不喜欢我们，或者管教过于严厉的时候，我们一样孝顺，而且还能够自己反省检点，体会父母的心意，努力改过并且做得更好，这种孝顺的行为最是难能可贵的。父母亲有过错的时候，应小心劝导改过向善，劝导时态度要诚恳，声音必须柔和，并且和颜悦色。（子夏问孝。子曰："色难。”）如果父母不听规劝，要耐心等待，一有适当时机，例如父母情绪好转或是高兴的时候，再继续劝导；如果父母仍然不接受，甚至生气，此时我们虽难过得痛哭流涕，也要恳求父母改过，纵然遭遇到责打，也无怨无悔，以免陷父母于不义，使父母一错再错，铸成大错。

原文

亲有疾　药先尝　昼夜侍　不离床
丧三年　常悲咽　居处变　酒肉绝
丧尽礼　祭尽诚　事死者　如事生

译文

父母亲生病时，子女应当尽心尽力的照顾，一旦病情严重时，更要昼夜服侍，不可以随便离开。父母去世之后，守孝期间（古礼三年），要常常追思、感怀父母教养的恩德。自己的生活起居必须调整改变，不能贪图享受，应该戒绝酒肉。办理父母亲的丧事要哀戚合乎礼节，不可草率马虎，也不可以为了面子铺张浪费，这才是真孝顺。祭拜时应诚心诚意，对待已经去世的父母，要如同生前一样恭敬。

原文

出则悌

兄道友　弟道恭　兄弟睦　孝在中
财物轻　怨何生　言语忍　忿自泯

译文

当哥哥姐姐的要友爱弟妹，做弟妹的要懂得恭敬兄姐，兄弟姐妹能和睦相处，一家人和乐融融，父母自然欢喜，孝道就在其中了。与人相处不斤斤计较财物，怨恨就无从生起。言语能够包容忍让，多说好话，不说坏话，忍住气话，不必要的冲突、怨恨的事情自然消失不生。

原文

或饮食　或坐走　长者先　幼者后
长呼人　即代叫　人不在　己即到

译文

良好的生活教育，要从小培养；不论用餐就座或行走，都应该谦虚礼让，长幼有序，让年长者优先，年幼者在后。长辈有事呼唤人，应代为传唤，如果那个人不在，自己应该主动去询问是什么事，可以帮忙就帮忙，不能帮忙时则代为转告。

原文

称尊长　勿呼名　对尊长　勿见能
路遇长　疾趋揖　长无言　退恭立
骑下马　乘下车　过犹待　百步余

译文

称呼长辈，不可以直呼姓名，在长辈面前，要谦虚有礼，不可以炫耀自己的才能；路上遇见长辈，应向前问好，长辈没有事时，即恭敬退后站立一旁，等待长辈离去。古礼：不论骑马或乘车，路上遇见长辈均应下马或下车问候，并等到长者离去稍远，约百步之后，才可以离开。

原文

长者立　幼勿坐　长者坐　命乃坐
尊长前　声要低　低不闻　却非宜
进必趋　退必迟　问起对　视勿移
事诸父　如事父　事诸兄　如事兄

译文

与长辈同处，长辈站立时，晚辈应该陪着站立，不可以自行就座，长辈坐定以后，吩咐坐下才可以坐。与尊长交谈，声音要柔和适中，回答的音量太小让人听不清楚，也是不恰当的。有事要到尊长面前，应快步向前，退回去时，必须稍慢一些才合乎礼节。当长辈问话时，应当专注聆听，眼睛不可以东张西望，左顾右盼。对待父辈祖辈，应该如同对待自己的亲生父亲一般孝顺恭敬；对待兄辈，应该如同对待自己的同胞兄长一样友爱尊敬。

第四章 为父教子

在这一章节中，我们可以看到一些真诚的“为父心得”，还有一些实用的为父技巧。我们常说，做妈妈是女性人生的转折。对男性而言，做爸爸又何尝不是生命的转折和挑战，甚至是一场突袭，因为他们没有十月怀胎这样的过渡期。从苏轼、朱自清到鲁迅的家书中，我们能看到牢骚、迷茫和歉意，更多的还是责任。对一个家庭而言，爸爸的责任是比爱更沉甸的东西。

一 苏洵 名二子说

苏洵（1009—1066），北宋文学家，与其子苏轼、苏辙合称“三苏”，均被列入“唐宋八大家”。本文讲了苏洵给苏轼、苏辙取名的用意。苏轼，字子瞻，号东坡居士；苏辙，字子由，号颍滨遗老。

庆历六年（1046年），苏洵赴京赶考。尽管苏洵的才学可以成为“帝王师”，可在朝廷腐败、官场黑暗的环境下还是落榜了。他由此对科举、朝廷失去了信心，转而把希望寄托在两个儿子身上。第二年返乡后，苏洵写了一篇寄寓深重的《名二子说》。当时，苏轼十一岁，苏辙八岁。

名二子说

轮、辐、盖、轸，皆有职乎车，而轼独若无所为者。虽然，去轼则吾未见其为完车也。轼乎，吾惧汝之不外饰也。

天下之车，莫不由辙，而言车之功者，辙不与焉。虽然，车仆马毙，而患亦不及辙，是辙者，善处乎祸福之间也。辙乎，吾知免矣。

译文

车轮、车辐条、车顶盖、车厢四周横木，都对车上有其职责，但作为扶手的横木，好像是没有用处的。尽管这样，如果去掉横木，那么我看不出那是一辆完整的车了。轼儿啊，我担心的是你因不会隐藏自己的锋芒。

天下的车没有不顺着车辙走的，但谈到车的功劳，车轮印从来都不参与其中。但车会摔坏、马会死，唯有车轮印安然无恙。这车轮印，是善于处在祸福之间的。辙儿啊，我知道你是能让我放心的。

二 洗儿戏作

苏轼

苏轼（1037—1101），字子瞻，号东坡居士，北宋眉山（今属四川省眉山市）人。是著名的文学家，唐宋散文八大家之一。他学识渊博，多才多艺，在书法、绘画、诗词和散文各方面都有很高造诣。

苏轼是诗词文俱佳的大文豪，他的作品讲究炼词炼意，这首七绝也是如此。一个“望”字，写尽了人们对孩子的期待；一个“误”字，道尽了自己一生的遭遇。诗中几处转折，情味全在其中：世人望子聪明，我却望子愚蠢，一转折也；人聪明就该一生顺利，我却因聪明误了一生，二转折也；愚鲁的人该无所作为，但却能“无灾无难到公卿”，三转折也。苏轼的牢骚全在这些转折中。

洗儿戏作

人皆养子望聪明，
我被聪明误一生。
唯愿孩儿愚且鲁，
无灾无难到公卿。

译文

诗的首句“人皆养子望聪明”，每个人生下孩子，都希望头脑聪明。但是聪明有什么好处呢？“我被聪明误一生”，我就是因为聪明，遭到人家的妒忌，被打压，被陷害，到年近半百的时候，仍被贬谪黄州，何时能够被赦免，还不可知，可以说是被聪明误了一生。“唯愿孩儿愚且鲁”，“愚”是愚昧、愚笨，愚昧无知，“鲁”是迟钝、笨拙，反应迟钝。只希望自己的儿子愚笨迟钝，“无灾无难到公卿”，没有灾难，没有祸患，而做到公卿。实际上这是反讽，因为现在的公卿宰相，都是一些只会保持权位，毫无治国才具的人。

三 朱自清 儿女

朱自清（1898—1948），字佩弦，号秋实。原籍浙江绍兴，出生于江苏省东海县（今连云港市东海县平明镇）。现代杰出的散文家、诗人、学者、民主战士。

作者写《儿女》，都是从一些琐事、小事入手，琐事小事反而具有了典型性。试问天下的父亲，哪个没有经历过文章中儿女的那些情景？作者就是这样不刻意地雕刻生活细节，只摘取生活本身的影像，体现出强烈的感情浓度、生活纯度和表现力度。

儿女

我现在已是五个儿女的父亲了。想起圣陶喜欢用的蜗牛背了壳的比喻，便觉得不自在。新近一位亲戚嘲笑我说，要剥层皮呢！更有些悚然了。十年前刚结婚的时候，在胡适先生的《藏晖室札记》里，见过一条，说世界上有许多伟大的人物是不结婚的；文中并引培根的话，有妻子者，其命定矣。当时确吃了一惊，仿佛梦醒一般；但是家里已是不由分说给娶了媳妇，又有什么可说？现在是一个媳妇，跟着来了五个孩子；两个肩头上，加上这么重一副担子，真不知怎样走才好。命定是不用说了；从孩子们那一面说，他们该怎样长大，也正是可以忧虑的事。我是个彻头彻尾自私的人，做丈夫已是勉强，做父亲更是不成。自然，子孙崇拜，儿童本位的哲理或伦理，我也有些知道；既做着父亲，闭了眼抹杀孩子们的权利，知道是不行的。可惜这只是理

论，实际上我是仍旧按照古老的传统，在野蛮地对付着，和普通的父亲一样。近来差不多是中年的人了，才渐渐觉得自己的残酷；想着孩子们受过的体罚和叱责，始终不能辩解——像抚摩着旧创痕那样，我的心酸溜溜的。有一回，读了有岛武郎《与幼小者》的译文，对那种伟大的，沉挚的态度，我竟流下泪来了。去年父亲来信，问起阿九，那时阿九还在白马湖呢；信上说，我没有耽误你，你也不要耽误他才好。我为这句话哭了一场，我为什么不像父亲的仁慈？我不该忘记，父亲怎样待我们来着！人性许真是二元的，我是这样的矛盾；我的心像钟摆似的来去。

你读过鲁迅先生的《幸福的家庭》吗？我的便是那一类的幸福的家庭！每天午饭和晚饭，就如两次潮水一般。先是孩子们你来他去地在厨房与房间里查看，一面催我或妻发开饭的命令。急促繁碎的脚步，夹着笑和嚷，一阵阵袭来，直到命令发出为止。他们一递一个地跑着喊着，将命令传给厨房里佣人；便立刻抢着回来搬凳子。于是这个说，我坐这儿！那个说，大哥不让我！大哥却说，小妹打我！我给他们调解，说好话。但是他们有时候很固执，我有时候也不耐烦，这便用着叱责了；叱责还不行，不由自主地，我的沉重的手掌便到他们身上了。于是哭的哭，坐的坐，局面才算定了。接着可又你要大碗，他要小碗，你说红筷子好，他说黑筷子好；这个要干饭，那个要稀饭，要茶要汤，要鱼要肉，要豆腐，要萝卜；你说他菜多，他说你菜好。妻是照例安慰着他们，但这显然是太迂缓了。我是个暴躁的人，怎么等得及？不用说，用老法子将他们立刻征服了；虽然有哭的，不久也就抹着泪捧起碗了。吃完了，纷纷爬下凳子，桌上是饭粒呀，汤汁呀，骨头呀，渣滓呀，加上纵横的筷子，欹斜的匙子，就如一块花花绿绿的地图模型。吃饭而外，他们的大事便是游戏。游戏时，大的有大主意，小的有小主意，各自坚持不下，于是争执起来；或者大的欺负小的，或者小的竟欺负大的，被欺负得哭着嚷着，到我或妻的面前诉苦；我大抵仍旧要用老法子来判断的，但不理的时候也有。最为难的，是争夺玩具的时候：这一个的与那一个的是同样的东西，却偏要那一个的；而那一个便偏不答应。在这种情形之下，不论如何，终于是非哭了不可的。这些事件自然不至于天天全有，但大致总有好些起。我若坐在家里看书或写什么东西，管保一点钟里要分几回心，或站起来一两次的。若是雨天或礼拜日，孩子们在家的多，那么，摊开书竟看不下一行，提起笔也写不出一个字的事，也有过的。我常和妻说，我们家真是成日的千军万马呀！有时是不但成日，连夜里也有兵马在进行着，在有吃乳或生病的孩子的时候！

我结婚那一年，才十九岁。二十一岁，有了阿九；二十三岁，又有了阿菜。那时我正像一匹野马，哪能容忍这些累赘的鞍鞯、辔头和缰绳？摆脱也知是不行的，但不自觉地时时在摆脱着。现在回想起来，那些日子，真苦了这两个孩子；真是难以宽宥的种种暴行呢！阿九才两岁半的样子，我们住在杭州的学校里。不知怎的，这孩子特别爱哭，又特别怕生人。一不见了母亲，或来了客，就哇哇地哭起来了。学校里住着许多人，我不能让他扰着他们，而客人也总是常有的；我懊恼极了，有一回，特地骗出了妻，关了门，将他按在地下打了一顿。这件事，妻到现在说起来，还觉得有些不忍；她说我的手太辣了，到底还是两岁半的孩子！我近年常想着那时的光景，也觉黯然。阿菜在台州，那是更小了；才过了周岁，还不大会走路。也是为了缠着母亲的缘故吧，我将她紧紧地按在墙角里，直哭喊了三四分钟；因此生了好几天病。妻说，那时真寒心呢！但我的苦痛也是真的。我曾给圣陶写信，说孩子们的折磨，实在无法奈何；有时竟觉着还是自杀的好。这虽是气愤的话，但这样的心情，确也有过的。后来孩子是多起来了，磨折也磨折得久了，少年的锋棱渐渐地钝起来了；加以增长的年岁增长了理性的裁制力，我能够忍耐了——觉得从前真是一个不成才的父亲，如我给另一个朋友信里所说。但我的孩子们在幼小时，确比别人的特别不安静，我至今还觉如此。我想这大约还是由于我们抚育不得法；从前只一味地责备孩子，让他们代我们负起责任，却未免是可耻的残酷了！

正面意义的幸福，其实也未尝没有。正如谁所说，小的总是可爱，孩子们的小模样，小心眼儿，确有些教人舍不得的。阿毛现在五个月了，你用手指去拨弄她的下巴，或向她做趣脸，她便会张开没牙的嘴格格地笑，笑得像一朵正开的花。她不愿在屋里待着，待久了，便大声儿嚷。妻常说，姑娘又要出去溜达了。她说她像鸟儿般，每天总得到外面溜一些时候。闰儿上个月刚过了三岁，笨得很，话还没有学好呢。他只能说三四个字的短语或句子，文法错误，发音模糊，又得费气力说出；我们老是要笑他的。他说“好”字，总变成“小”字，问他好不好？他便说“小”，或“不小”。我们常常逗着他说这个字玩儿，他似乎有些觉得，近来偶然也能说出正确的“好”字了——特别在我们故意说成“小”字的时候。他有一只搪瓷碗，是一毛来钱买的；买来时，老妈子教给他，这是“一毛钱”。他便记住“一毛”两个字，管那只碗叫“一毛”，有时竟省称为“毛”。这在新来的老妈子，是必需翻译了才懂的。他不好意思，或见着生客时，便咧着嘴痴笑；我们常用了土话，叫他做呆瓜。他是个小胖子，短短的腿，走起路来，蹒跚可笑，若快走或跑，便更“好看”了。他有时学我，将两手叠在背后，一摇一摆的，那是他自己和我们都要乐的。他的大姊便是阿菜，已是七岁多了，在小学校里念着书。在饭桌上，一定得啰啰唆唆地报告些同学或他们父母的事情；气喘喘地说着，不管你爱听不爱听。说完了，总问我：“爸爸认识吗？”“爸爸知道吗？”妻常禁止她吃饭时说话，所以她总是问我。她的问题真多：看电影便问电影里的是不是人？是不是真人？怎么不说话？看照相也是一样。不知谁告诉她，兵是要打人的。她回来便问，兵是人吗？为什么打人？近来大约听了先生的话，回来又问张作霖的兵是帮谁的？蒋介石的兵是不是帮我们的？诸如此类的问题，每天短不了，常常闹得我不知怎样答才行。她和闰儿在一处玩儿，一大一小，不很合适，老是吵着哭着。但合适的时候也有：譬如这个往床底下躲，那个便钻进去追着；这个钻出来，那个也跟着——从这个床到那个床，只听见笑着，嚷着，喘着，真如妻所说，像小狗似的。现在在京的，便只有这三个孩子；阿九和转儿是去年北来时，让母亲暂时带回扬州去了。

阿九是欢喜书的孩子。他爱看《水浒》《西游记》《三侠五义》《小朋友》等；没有事便捧着书坐着或躺着看。只不欢喜

《红楼梦》，说是没有味儿。是的，《红楼梦》的味儿，一个十岁的孩子，哪里能领略呢？去年我们事实上只能带两个孩子来；因为他大些，而转儿是一直跟着祖母的，便在上海将他俩丢下。我清清楚楚记得那分别的一个早上。我领着阿九从二洋泾桥的旅馆出来，送他到母亲和转儿住着的亲戚家去。妻嘱咐说，买点吃地给他,。我们走过四马路，到一家茶食铺里。阿九说要熏鱼，我给买了；又买了饼干，是给转儿的。便乘电车到海宁路。下车时，看着他的害怕与累赘，很觉恻然。到亲戚家，因为就要回旅馆收拾上船，只说了一两句话便出来；转儿望望我，没说什么，阿九是和祖母说什么去了。我回头看了他们一眼，硬着头皮走了。后来妻告诉我，阿九背地里向她说：我知道爸爸欢喜小妹，不带我上北京去。其实这是冤枉的。他又曾和我们说，暑假时一定来接我啊！我们当时答应着；但现在已是第二个暑假了，他们还在迢迢的扬州待着。他们是恨着我们呢？还是惦着我们呢？妻是一年来老放不下这两个，常常独自暗中流泪；但我有什么法子呢！想到只为家贫成聚散一句无名的诗，不禁有些凄然。转儿与我较生疏些。但去年离开白马湖时，她也曾用了生硬的扬州话（那时她还没有到过扬州呢），和那特别尖的小嗓子向着我：我要到北京去。她晓得什么北京，只跟着大孩子们说罢了；但当时听着，现在想着的我，却真是抱歉呢。这兄妹俩离开我，原是常事，离开母亲，虽也有过一回，这回可是太长了；小小的心儿，知道是怎样忍耐那寂寞来着！

我的朋友大概都是爱孩子的。少谷有一回写信责备我，说儿女的吵闹，也是很有趣的，何至可厌到如我所说；他说他真不解。子恺为他家华瞻写的文章，真是蔼然仁者之言。圣陶也常常为孩子操心：小学毕业了，到什么中学好呢？——这样的话，他和我说过两三回了。我对他们只有惭愧！可是近来我也渐渐觉着自己的责任。我想，第一该将孩子们团聚起来，其次便该给他们些力量。我亲眼见过一个爱儿女的人，因为不曾好好地教育他们，便将他们荒废了。他并不是溺爱，只是没有耐心去料理他们，他们便不能成才了。我想我若照现在这样下去，孩子们也便危险了。我得计划着，让他们渐渐知道怎样去做人才行。但是要不要他们像我自己呢？这一层，我在白马湖教初中学生时，也曾从师生的立场上问过丏尊，他毫不踌躇地说，自然啰。近来与平伯谈起教子，他却答得妙，“总不希望比自己坏啰”。是的，只要不比自己坏就行，“像”不“像”倒是不在乎的。职业，人生观等，还是由他们自己去定的好；自己顶可贵，只要指导，帮助他们去发展自己，便是极贤明的办法。

予同说，“我们得让子女在大学毕了业，才算尽了责任”。SK说，“不然，要看我们的经济，他们的材质与志愿；若是中学毕了业，不能或不愿升学，便去做别的事，譬如做工人吧，那也并非不行的”。自然，人的好坏与成败，也不尽靠学校教育；说是非大学毕业不可，也许只是我们的偏见。在这件事上，我现在毫不能有一定的主意；特别是这个变动不安的时代，知道将来怎样？好在孩子们还小，将来的事且等将来吧。目前所能做的，只是培养他们基本的力量——胸襟与眼光；孩子们还是孩子们，自然说不上高的远的，慢慢从近处小处下手便了。这自然也只能先按照我自己的样子：神而明之，存乎其人，光辉也罢，倒霉也罢，平凡也罢，让他们各尽各的力去。我只希望如我所想的，从此好好地做一回父亲，便自称心满意。——想到那“狂人”“救救孩子”的呼声，我怎敢不悚然自勉呢？

一九二八年六月二十四日晚写毕，北京清华园

四

我们现在怎样做父亲

鲁迅

鲁迅（1881—1936），原名周樟寿，后改为周树人，字豫山，浙江绍兴人。著名的文学家、思想家、民主战士，五四新文化运动的重要参与者，中国现代文学的奠基人。毛泽东曾评价：“鲁迅的方向，就是中华民族新文化的方向。”

鲁迅的家教观是完全新型的。他一扫传统父权社会相沿成习的父亲至上的伦理观念，提倡父子在人格、精神上的平等。另一方面，清醒的历史感又使他认识到“自我身上背着的因袭的重担”对下一代的负面影响。

我们现在怎样做父亲

我作这一篇文的本意，其实是想研究怎样改革家庭；又因为中国亲权重，父权更重，所以尤想对于从来认为神圣不可侵犯的父子问题，发表一点意见。总而言之：只要革命要革到老子身上罢了。但何以大模大样，用了这九个字的题目呢？这有两个理由：

第一，中国的“圣人之徒”，最恨人动摇他的两样东西。一样不必说，也与我辈决不相干；一样便是他的伦常，我辈却不免偶然发几句议论，所以株连牵扯，很得了许多“铲伦常”“禽兽行”之类的恶名。他们以为父对于子，有绝对的权力和威严；若是老子说话，当然无所不可，儿子有话，却在未说之前就错了。但祖父子孙，本来个个都只是生命的桥梁的一级，绝不是固定不易的。现在的子，便是将来的父，也便是将来的祖。我知道我辈和读者，若不是现任之父，也一定是候补之父，而且也都有做祖宗的希望，所差只在一个时间。为想省却许多麻烦起见，我们便该无须客气，尽可先行占住了上风，摆出父亲的尊严，谈谈我们和我们子女的事；不但将来着手实行，可以减少困难，在中国也顺理成章，免得“圣人之徒”听了害怕，总算是一举两得之至的事了。所以说，“我们怎样做父亲”。

第二，对于家庭问题，我在《新青年》的《随感录》（二五，四十，四九）中，曾经略略说及，总括大意，便只是从我们起，解放了后来的人。论到解放子女，本是极平常的事，当然不必有什么讨论。但中国的老年，中了旧习惯旧思想的毒太深了，决定悟不过来。譬如早晨听到乌鸦叫，少年毫不介意，迷信的老人，却总须颓唐半天。虽然很可怜，然而也无法可救。没有法，便只能先从觉醒的人开手，各自解放了自己的孩子。自己背着因袭的重担，肩住了黑暗的闸门，放他们到宽阔光明的地方去；此后幸福的度日，合理的做人。

还有，我曾经说，自己并非创作者，便在上海报纸的《新教训》里，挨了一顿骂。但我辈评论事情，总须先评论了自己，不要冒充，才能像一篇说话，对得起自己和别人。我自己知道，不特并非创作者，并且也不是真理的发现者。凡有所说所写，只是就平日见闻的事理里面，取了一点心以为然的道理；至于终极究竟的事，却不能知。便是对于数年以后的学说的进步和变迁，也说不出会到如何地步，单相信比现在总该还有进步还有变迁罢了。所以说，“我们现在怎样做父亲”。

我现在心以为然的道理，极其简单。便是依据生物界的现象，一、要保存生命；二、要延续这生命；三、要发展这生命（就是进化）。生物都这样做，父亲也就是这样做。

欧美家庭，大抵以幼者弱者为本位，便是最合于这生物学的真理的办法。便在中国，只要心思纯白，未曾经过“圣人之徒”作践的人，也都自然而然的能发现这一种天性。例如一个村妇哺乳婴儿的时候，决不想到自己正在施恩；一个农夫娶妻的时候，也决不以为将要放债。只是有了子女，即天然相爱，愿他生存；更进一步的，便还要愿他比自己更好，就是进化。这离绝了交换关系利害关系的爱，便是人伦的索子，便是所谓“纲”。倘如旧说，抹杀了“爱”，一味说“恩”，又因此责望报偿，那便不但败坏了父子间的道德，而且也大反于做父母的实际的真情，播下乖剌的种子。有人做了乐府，说是“劝孝”，大意是什么“儿子上学堂，母亲在家磨杏仁，预备回来给他喝，你还不孝么”之类，自以为“拼命卫道”。殊不知富翁的杏酪和穷人的豆浆，在爱情上价值同等，而其价值却正在父母当时并无求报的心思；否则变成买卖行为，虽然喝了杏酪，也不异“人乳喂猪”。无非要猪肉肥美，在人伦道德上，丝毫没有价值了。

所以我现在心以为然的，便只是“爱”。

无论何国何人，大都承认“爱己”是一件应当的事。这便是保存生命的要义，也就是继续生命的根基。因为将来的运命，早在现在决定，故父母的缺点，便是子孙灭亡的伏线，生命的危机。

所以觉醒的人，此后应将这天性的爱，更加扩张，更加醇化；用无我的爱，自己牺牲于后起新人。开宗第一，便是理解。往昔的欧人对于孩子的误解，是以为成人的预备；中国人的误解，是以为缩小的成人。直到近来，经过许多学者的研究，才知道孩子的世界，与成人截然不同；倘不先行理解，一味蛮做，便大碍于孩子的发达。所以一切设施，都应该以孩子为本位，日本近来，觉悟的也很不少；对于儿童的设施，研究儿童的事业，都非常兴盛了。第二，便是指导。时势既有改变，生活也必须进化；所以后起的人物，一定尤异于前，决不能用同一模型，无理嵌定。长者须是指导者协商者，却不该是命令者。不但不该责幼者供奉自己；而且还须用全副精神，专为他们自己，养成他们有耐劳作的体力，纯洁高尚的道德，广博自由能容纳新潮流的精神，也就是能在世界新潮流中游泳，不被淹没的力量。第三，便是解放。子女是即我非我的人，但既已分立，也便是人类中的人。因为即我，所以更应该尽教育的义务，交给他们自立的能力；因为非我，所以也应同时解放，全部为他们自己所有，成一个独立的人。

这样，便是父母对于子女，应该健全的产生，尽力的教育，完全的解放。

总而言之，觉醒的父母，完全应该是义务的，利他的，牺牲的，很不易做；而在中国尤不易做。中国觉醒的人，为想随顺长者解放幼者，便须一面清结旧账，一面开辟新路。就是开首所说的“自己背着因袭的重担，肩扛住了黑暗的闸门，放他们到宽阔光明的地方去；此后幸福的度日，合理的做人”。这是一件极伟大的要紧的事，也是一件极困苦艰难的事。

但世间又有一类长者，不但不肯解放子女，并且不准子女解放他们自己的子女；就是并要孙子曾孙都做无谓的牺牲。这也是一个问题；而我是愿意平和的人，所以对于这问题，现在不能解答。

一九一九年十月

五 老舍 有了小孩以后

老舍（1899—1966），中国现代小说家、著名作家，杰出的语言大师、人民艺术家，新中国第一位获得“人民艺术家”称号的作家。代表作有《骆驼祥子》《四世同堂》、剧本《茶馆》。老舍先生热爱生活，有着深厚扎实的生活积累。他善于观察体味人生百态、世情千姿，且敏锐细致、精微独到。

《有了小孩以后》发表于1936年11月25日《谈风》第3期。文中反映出老舍先生传统的家庭观念，及对孩子们充满了父亲的慈爱，其中也不断流露出一个父亲的满足和乐趣，让读者感受到他对生活的热爱。文中的细节又全是那么平凡，语言朴素直白、幽默诙谐、内蕴深厚，真实而有趣味。

有了小孩以后

艺术家应以艺术为妻，实际上就是当一辈子光棍儿。在下闲暇无事，往往写些小说，虽一回还没自居过文艺家，却也感觉到家庭的累赘。每逢困于油盐酱醋的灾难中，就想到独人一身，自己吃饱便天下太平，岂不妙哉。

家庭之累，大半由儿女造成。先不用提教养的花费，只就淘气哭闹而言，已足使人心慌意乱。小女三岁，专会等我不在屋中，在我的稿子上画圈拉杠，且美其名曰“小济会写字”！把人要气没了脉，她到底还是有理！再不然，我刚想起一句好的，在脑中盘旋，自信足以愧死莎士比亚，假若能写出来的话。当是时也，小济拉拉我的肘，低声说：“上公园看猴？”于是我至今还未成莎士比亚。小儿一岁整，还不会“写字”，也不晓得去看猴，但善亲亲，闭眼，张口展览上下四个小牙。我若没事，请求他闭眼，露牙，小胖子总会东指西指地打岔。赶到我拿起笔来，他那一套全来了，不但亲脸，闭眼，还“指”令我也得表演这几招。有什么办法呢？

这还算好的。赶到小济午后不睡，按着也不睡，那才难办。到这么四点来钟吧，她的困闹开始，到五点钟我已没有人味。什么也不对，连公园的猴都变成了臭的，而且猴之所以臭，也应当由我负责。小胖子也有这种困而不睡的时候，大概多数是与小济同时发难。两位小醉鬼一齐找毛病，我就是诸葛亮恐怕也得唱空城计，一点办法没有！在这种干等束手被擒的时候，偏偏会来一两封快信——催稿子！我也只好闹脾气了。不大一会儿，把太太也闹急了，一家大小四口，都成了醉鬼，其热闹至为惊人。大人声言离婚，小孩怎说怎不是，于离婚的争辩中瞎打混。一直到七点后，二位小天使已困得动不得，离婚的宣言才无形地撤销。这还算好的。遇上小胖子出牙，那才真叫厉害，不但白天没有情理，夜里还得上夜班。一会儿一醒，若被针扎了似的惊啼，他出牙，谁也不用打算睡。他的牙出利落了，大家全成了红眼虎。

不过，这一点儿也不妨碍家庭中爱的发展，人生的巧妙似乎就在这里。记得Frank Harris（法克·哈瑞斯）仿佛有过这么点记载：他说王尔德为那件不名誉的案子过堂被审，一开头他侃侃而谈，语多幽默。及至原告提出几个男性服务者做证人，王尔德没了脉，非失败不可了。Harris（哈瑞斯）以为王尔德必会说：“我是个戏剧家，为观察人生，什么样的人都当交往。假若我不和这些人接触，我从哪里去找戏剧中的人物呢？”可是，王尔德竟自没这么答辩，官司就算输了！

把王尔德且放在一边，艺术家得多去听取Harris（哈瑞斯）的意见，假若不是特为王尔德而发的，的确是不错。连家庭之累也是如此。还拿小孩们说吧——这才来到正题——爱他们吧，嫌他们吧，无论怎说，也是极可宝贵的经验。

在没有小孩的时候，一个人的世界还是未曾发现美洲的时候的。小孩是哥伦布，把人带到新大陆去。这个新大陆并不很远，就在熟习的街道上和家里。你看，街市上给我预备的，在没有小孩的时候，似乎只有理发馆，饭铺，书店，邮政局等。我想不出婴儿医院，糖食店，玩具铺等等的意义。连药房里的许许多多婴儿用的药和粉，报纸上婴儿自己药片的广告，百货店里的小袜子小鞋，都显得多此一举，劳而无功。及至小天使自天飞降，我的眼睛似乎戴上了一双放大镜，街市依然那样，跟我有关系的东西可是不知增加了多少倍！婴儿医院不但挂着牌子，敢情里边还有医生呢。不但有医生，还是挺神气，一点儿也得罪不得。拿着医生所给的神符，到药房去，敢情那些小瓶子小罐都有作用。不但要买瓶子里的白汁黄面和各色的药饼，还得买瓶子罐子，轧粉的钵，量奶的漏斗，乳头，卫生尿布，玩意多多了！百货店里那些小衣帽，小家具，也都有了意义；原先以为多此一举的东西，如今都成了非它不行；有时候铺中缺乏了我所要的那一件小物品，我还大有看不起他们的意思：既是百货店，怎能不预备这件东西呢？慢慢的，全街上的铺子，除了金店与古玩铺，都有了我的足迹；连当铺也走得怪熟。铺中人也渐渐熟识了，甚至可以随便闲谈，以小孩为中心，谈得颇有味儿。伙计们，掌柜们，原来不仅是站柜做买卖，家中还有小孩呢！有的铺子，竟自敢允许我欠账，仿佛一有了小孩，我的人格也好了些，能被人信任。三节的账条来得很踊跃，使我明白了过节过年的时候怎样出汗。

小孩使世界扩大，使隐藏着的东西都显露出来。非有小孩不能明白这个。看着别人家的孩子，肥肥胖胖，整整齐齐，你总觉得小孩们理应如此，一生下来就戴着小帽，穿着小袄，好像小雏鸡生下来就披着一身黄绒似的。赶到自己有小孩，才能晓得事情并不这么简单。一个小娃娃身上穿戴着全世界的工商业所能供给的，给全家人以一切啼笑爱怨的经验，小孩的确是位小活神仙！

有了小活神仙，家里才会热闹。窗台上，我一向认为是摆花的地方。夏天呢，开着窗，风儿轻轻吹动花与叶，屋中一阵阵的清香。冬天呢，阳光射到花上，使全屋中有些颜色与生气。后来，有了小孩，那些花盆很神秘地都不见了，窗台上满是瓶子罐子，数不清有多少。尿布有时候上了写字台，奶瓶倒在书架上。大扫除才有了意义，是的，到时候非痛痛快快地收拾一顿不可了，要不然东西就有把人埋起来的危险。上次大扫除的时候，我由床底下找到了但丁的《神曲》。不知道这老家伙干吗在那里藏着玩儿呢！

人的数目也增多了，而且有很多问题。在没有小孩的时候，用一个仆人就够了，现在至少得用俩。以前，仆人“拿糖”，满可以暂时不用；没人做饭，就外边去吃，谁也不用拿捏。有了小孩，这点豪气趁早收起去。三天没人洗尿布，屋里就不要再进来人。牛奶等项是非有人管理不可，有儿方知卫生难，奶瓶子一天就得烫五六次；没仆人简直不行！有仆人就得捣乱，没办法！

好多没办法的事都得马上有办法，小孩子不会等着“国联”慢慢解决儿童问题。这就长了经验。半夜里去买药，药铺的门上原来有个小口，可以交钱拿药，早先我就不晓得这一招。西药房里敢情也打价钱，不等他开口，我就提出：“还是四毛五？”这个“还是”使我省五分钱，而且落个行家。这又是一招。找老妈子有作坊，当票儿到期还可以入利延期，也都被我学会。没工夫细想，大概自从有了儿女以后，我所得的经验至少比一张大学文凭所能给我的多着许多。大学文凭是由课本里掏出来的，现在我却念着一本活书，没有头儿。

连我自己的身体现在都会变形，经小孩们的指挥，我得去装马装牛，还须装得像个样儿。不但装牛像牛，我也学会牛的忍性，小胖子觉得“开步走”有意思，我就得百走不厌；只做一回，绝对不行。多咱他改了主意，多咱我才能“立正”。在这里，我体验出母性的伟大，觉得打老婆的人满该下狱。

中秋节前来了个老道，不要米，不要钱，只问有小孩没有？看见了小胖子，老道高兴了，说十四那天早晨须给小胖子左腕上系一根红线，备清水一碗，烧高香三炷，必能消灾除难。右邻家的老太太也出来看，老道问她有小孩没有，她惨淡地摇了摇头。到了十四那天，倒是这位老太太的提醒，小胖子的左腕上才拴了一圈红线。小孩子征服了老道与邻家老太太。一看胖手腕的红线，我觉得比写完一本伟大的作品还骄傲，于是上街买了两尊兔子王，感到老道，红线，兔子王，都有绝大的意义！

六 叶圣陶 做了父亲

叶圣陶（1894—1988），原名叶绍钧，字秉臣、圣陶。现代作家、教育家、文学出版家和社会活动家，有“优秀的语言艺术家”之称。1916年，进上海商务印书馆附设尚公学校执教，推出第一个童话故事《稻草人》。1949年后，先后出任教育部副部长、人民教育出版社社长和总编等。

他一生从事教育和教学工作70多个春秋，加上他作为新文化运动的战士、著名文学家、出版家、社会活动家的极其丰富而又相互交融的社会实践和人生修养，从而形成了博大精深、特色鲜明的教育思想。

在《做了父亲》一文中，叶圣陶先生的教育思想融于家庭教育中，提倡锻炼孩子的心思能力，希望孩子有强壮的身体、明澈的心灵，将来从事有利于社会的工作。

做了父亲

假若至今还没有儿女，是不是要与有些人一样，感到是人生的缺憾，心头总有这么一个失望牵萦着呢？

我与妻都说不至于吧。一些人没有儿女感到缺憾，因为他们认为儿女是他们分所应得的，应得而不得，失望要当然。也许有人说没有儿女便是没有给社会尽力，对于种族的绵延没有尽责任，那是颇为冠冕堂皇的话，是随后找来给自己解释的理由，查问到根底，还是个得不到应得的不满足之感而已。我们以为人生的权利固有多端，而儿女似乎不在多端之内，所以说不至于。

但是儿女早已出生了，这个设想无从证实。在有了儿女的今日，设想没有儿女，自然觉得可以不感缺憾；倘若今日还真个还没有儿女，也许会感到非常寂寞，非常惆怅吧。这是说不定的。

教育是专家的事业，这句话近来几乎成了口号，但是这意义仿佛向来被承认的。然而一为父母就得兼充专家也是事实。非专家的专家担起教育的责任来，大概走两条路：一是尽许多不必要的心，结果是“非徒无益，而又害之”；一是给了个“无所有”，本应在儿女的生活中给充实些什么，可是并没有把该充实的付予儿女。

自家反省，非意识地走的是后一条路。虽然也像一般父亲一样，被一家人用作镇压孩子的偶像，在没法对付时，就“爹爹，你看某某！”这样喊出来；有时被引动了感情，骂一顿甚至打一顿的事也有；但是收场往往像两个孩子争闹似的，说着“你不那样，我也就不这样”的话，其意若日彼此再别说这些，重复和好了吧。这中间，积极的教训之类是没有的。

不自命为“名父”的，大多走与我同样的路。

自家就没有什么把握，一切都在学习试验之中，怎么能给后一代人预先把立身处世的道理规定好了教给他们呢？

学校，我想也不是与儿女有什么了不起的关系的。学习一些符号，懂得一些常识，结交若干朋友，度过若干岁月，如是而已。

以前曾经担过忧虑，因为自家是小学教员出身，知道小学的情形比较清楚，以为像个模样的小学太少了，儿女达到入学年龄的时候将无处可送。现在儿女三个都进了学校，学校也不见特别好，但是我毫不存勉强迁就的意思。

一定要有理想的小学才把儿女送去，这无异看儿女作特别珍贵特别柔弱的花草，所以要保藏在装着暖气管的玻璃花房里。特别珍贵么，除了有些国家的华胄贵族，谁也不肯对儿女作这样的夸大口吻。特别柔弱么，那又是心所不甘，要抵挡得风雨，经历得霜雪，这才可喜。——我现在作这样想，自笑以前的忧虑殊属无谓。

何况世间为生活所限制，连小学都不得进的多得很，他们一样要挺直身躯立定脚跟做人。学校好坏于人究竟有何等程度的关系呢？——这样想时。以前的忧虑尤见得我的浅陋了。

我这方面既然给了个“无所有”，学校方面又没有什么了不起的关系，这就拦到了角隅里，儿女的生长只有在环境的限制之内，凭他们自己的心思能力去应付一切。这里所谓环境，包括他们所有遭遇的事和人物，一饮一啄，一猫一狗，父母教师，街市田野，都在里头。

做父亲的真欲帮助儿女仅有一途，就是诱导他们，让他们锻炼这种心思能力。若去请教专门的教育者，当然，他将说出许多微妙的理论，但是要义大致也不外乎此。

可是，怎样诱导呢？我就茫然了。虽然知道应该往哪一方向走，但是没有往前走的实力，只得站在这里，搓着空空的一双手，与不曾知道方向的并无两样。我很明白，对儿女最抱歉的就是这一点，将来送不送他们进大学倒没有多大关系。因为适宜的诱导是在他们生命的机械里加添燃料，而送进大学仅是给他们文凭、地位，以便剥削他人而已（有人说起振兴大学教育可以救国，不知如何，我总不甚相信，却往往想到这样不体面的结论上去）。

他们应付环境不得其当甚至应付不了的时候，一定会怅然

自失，心里想，如果父亲早给点儿帮助，或者不至于这样无所措吧。这种归咎，我不想躲避，也没法躲避。

对于儿女也有我的希望。

一句话而已，希望他们胜似我。

所谓人间所谓社会虽然很广漠，总直觉地希望它有进步。而人是构成人间社会的。如果后代无异前代，那就是站在老地方没有前进，徒然送去了一代的时光，已属不妙。或者更甚一点，竟然"一代不如一代"，试问人间社会经得起几回这样的七折八扣呢！凭这么想，我希望儿女必须胜似我。

爬上西湖葛岭那样的山就会气喘，提十斤左右重的东西走一两里路胳膊就会酸好几天，我这种身体是完全不行的。我希望他们有强壮的身体。

人家问一句话一时会答不上来，事务当前会十分茫然，不知怎样处置或判断，我这种心灵是完全不行的。我希望他们有明澈的心灵。

说到职业，现在做的是笔墨的事，要说那干系之大，当然可以戴上文化或教育的高帽子，于是仿佛觉得并非无聊，但是能够像工人农人一样，拿出一件供人家切实应用的东西来么？没有！自家却使用了人家生产的切实应用的东西，岂非也成了可羞的剥削阶级？文化或教育的高帽子只能掩饰丑脸，聊自解嘲而已，别无意义。这样想时，更菲薄自己，达于极点。

我希望他们与我不一样：至少要能够站在人前宣告道："凭我们的劳力，产生了切实应用的东西，这里就是！"其时手里拿的是布匹米麦之类；即使他们中间有一个成为玄学家，也希望他同时铸成一些齿轮或螺丝钉。

一九三〇年十一月作

第五章 勉励期许

孩子还未来到人世，父母就开始许下了很多美好的愿景，每一个乳名都承载着爸妈的期望。陶行知对女儿的最大期望是勇敢而美丽地生活，丰子恺对孩子的期望不过是保持纯真。如果我们对孩子的勉励也能少一点急功近利，如果我们对孩子的期许期望不会成为一种“成龙成凤”的压力，孩子反而能脚步更轻盈，走得更远，飞得更高。

一 陶行知 不做书呆子

陶行知（1891—1946），原名文浚，又名知行，安徽歙县人，是我国伟大的人民教育家。留学美国，曾任南京高等师范学校教育科主任，提倡过平民教育，他的教育思想集中反映在“生活教育”理论体系中，主张“生活即教育”“社会即学校”。主要著作有《中国教育改造》等。

陶行知先生在给女儿的信中提出，先生不只教书还要教学生做人，学生不只专读书还应学做人。他教育女儿要做个有知识、有实力和有责任心的人，决不能做个书呆子，并指出做一个人应具备的要求。

不做书呆子

桃红：

我很希望你和小桃多学做事，我的主张是：有书读的要做事；有事做的要读书。先生不应该专教书；他的责任是教人做人。学生不应当专读书；他的责任是学习人生之道。我要你们做有知识、有实力、有责任心的国民，不要你们做书呆子。

1937年3月17日

蜜桃：

现在做一个小孩子要知道三件事。第一，做人的大道理要看得明白。第二，遇患难要帮助人。肚子饿让人先吃。没饭吃时，要想法子找出饭来大家吃。第三，勇敢、勇敢地活才算是美的活。

一九三七年十一月二十九日

二 蔡元培 到港情形——谕长子蔡无忌书

蔡元培（1868—1940），字鹤卿，号孑民，浙江绍兴人。光绪进士，翰林院编修。1902年发起组织中国教育会，创办爱国女学和爱国学社。1904年组织光复会，次年参加同盟会。辛亥革命后任南京临时政府教育总长，提出修改学制、小学男女同校等主张。1917年起任北京大学校长，提倡学术自由，主张新旧思想“兼容并包”，实行“教授”治校，宣传劳工神圣，支持新文化运动。后历任国民党政府大学院院长、“中央研究院”院长等职。“九一八”事变后，与宋庆龄、鲁迅等组织中国民权保障同盟。抗战中在香港病逝。著作编有《蔡元培全集》。

1937年7月7日，当抗日的烽火在华夏大地燃起后，病体孱弱、心力不支的蔡元培，除了以其名望呼吁抵御外侮外，不可能再有更多作为。于是蔡元培前往香港避难养病。到港后的蔡元培逐渐疏离政治，社会活动也日趋沉寂，试图从繁杂的事务牵扰中

摆脱出来，静心做一点自己的事情。在告知长子蔡无忌的信中，蔡元培表达了“聚精会神，专治一事”的心愿。

到港情形——谕长子蔡无忌书

煦儿览：

接本月七日来函，知儿胃疾不发，局务不劳为慰。局务既简单，似可做一点调查或研究的工夫。闻开远方面，有畜牧一项，由儿计划，想亦在进行中。

欧战初起，港中寓公向各方面奔避，舱位拥挤非常，近则往澳门者又多回港矣。但事变无常，港汇又高，我亦感迁居之必要。但我自来港以后，绝对不应酬，不轻易见客，有许多熟人同在此地而不与通闻问，并不见怪。我于是有暇读书，有暇著书，为十年来所未有。若一到内地，因研究院各即受省府助力，岂能不与往来；各种教育文化机关之研究员、教员、学生，人数既多，安能见谅，仅仅晤谈，已感忙烦；其他演说、函电之要求，亦所难免；我之生活，又将回到南京、上海的样子。加以卫生设备之不完，医生药物之缺乏，雨季以后之空袭，在在堪虞。故我虽已为迁膳之准备，而地点尚未能决定。若万不得已时，自然顾不得许多，但现在似尚有从容考虑之余地也。

柏龄久不来信，我有信去，亦不得复，甚可怪，闻里昂大学拟改后方医院。李先生已为留法学生在诺尔曼氏组织一农工团体。巴黎近郊之学术机关，当亦迁于安全之地带. 柏儿既无函电告归期，当不至于最近期间乘船回国。

妹、弟本已于去秋进邻近之圣马利女校（加特力教），现因两弟年龄，不许再在女校附读，故改进拔萃男书院。家中专课国文之教员，一星期两次（因学校偏重英文，故家中增习国文）。

知式衡已进小学一年级，甚喜。

专此，祝儿健康

母亲及妹、弟均候。

元培

三 刘半农

江南游记——致子女

刘半农（1891—1934），江苏江阴人，原名寿彭，后名复，初字半侬，后改半农，晚号曲庵，中国新文化运动先驱，文学家、语言学家和教育家。

这封家信，写于1931年，刘半农正好四十整岁，与妻子到江阴老家扫墓，原来大约想趁大好春光的季节，到苏

州、杭州、上海、无锡、镇江，甚至想到山东孔林和泰山作一畅游，但在游了杭州、上海、苏州等地之后回到江阴，游兴已消，于是写信给留在北京的三个子女，告知沿途所见所闻，此信完全可以当作20世纪30年代初的一篇江南游记来读。尤其因为是家信，所以比一般的游记更真切自然，更直率简洁，也更能见出这位著名学者的幽默风趣的性格。

江南游记——致子女

二十三日信计达，今补述二十日，即游杭第三日事。

是日早九时，雇山轿三顶，自湖滨出发，余及汝母外，有友人章川岛陪游，前一夕雨，晨间放晴，天气不冷不热，于游山最宜，先到净慈寺，通常一佛寺，建筑无足观，中有一古井极深，井底倒植一木，径尺，寺僧取长绳垂烛入井，可以及木而止，四周井水黝然。

相传当年造寺，有仙人从井运木，此所遗最后一木，其说颇不可信。吾乡观音寺四眼井，亦有此种传说，或者古时开大井，每以大木打桩，井成，桩留井底，水浅时乃可见矣。寺前有雷峰塔遗址，仅余破砖一堆，千年灵物，渺不可见，恐再过若干年，对湖之保俶塔亦将如此也。次到虎跑泉，泉好茶好，地亦幽静，尽量饮数碗而去。次转入山中，先到石屋洞，小有林石之胜，有大书门前，称为湖南第一丛林者，妄也。次到水乐洞，洞不足观，循洞而入，渐闻水声淙淙，清脆如振金玉，入愈深，声愈晰，洪细相间，自然入妙，故有水乐之称。至洞底，乃见小泉在石缝中流，泉小而声大者，古所谓空谷传声，今所谓共鸣也。次到烟霞洞，洞至半山，颇少曲折，不足当烟霞之称，惟左旁有小楼数幢，可供游客投止，登楼一望，全杭湖山城市均在目中，或当天气阴晴变化之交，自可拓人烟霞万古之胸怀耳……

此地以素菜著名，余等留饭，端来四个小碟，只红烧面筋一碟尚较好，且是半冷饭，几令余胃病再发，临行川岛照常例付以四五元，身到杭州，自不得不作黄瓜儿而被刨也。次到龙井寺，匆匆一看即去，龙井有新旧二处，此乃新龙井也。次到九溪十八涧，地在两山之中，长可六七里，山水降绩为溪涧，人在细流碎石中行，山树野花，莫不各怀幽趣。又正值采茶时节，每有小姑老叟，携篮工作，怡然有世外桃源之乐，而杜鹃方盛开，时见绝壁之上，嫣红一簇，于苍古中参以鲜媚，诚绝妙天然图画也。余与川岛均下轿步行，汝母亦欲一试，经轿夫告以石上行走危险而止。余语川岛，游杭州不游此地，是未游杭州也。川岛言，此地幸未蒙张静江、朱骝先两公光顾耳，两公若来，早为建筑柏油路、洋桥、纪念塔，我等尚有今日之乐乎？次游理安寺，寺在楠木林中，颇有深伟之致，惜知客僧俗气逼人耳。天已暮，仍循原路回栈。

次日乘早车到上海，留二日，略购物事，随到苏州，留一日，游虎丘及西园、留园。虎丘尚小有可观，西、留两园真不值寓目。苏州名胜乃在天平山等处，惜时促，未能一游也。次到无锡，遇雨，留一宿，即回江阴。现家居已三日，时晴时雨，扫墓尚未毕事。又气候随晴雨而变，晴则热可挥扇，雨则寒可御裘，真造病天气也。现定再住二三日即行北返，或过锡时略游梅园、鼋头渚等处，原定镇江金焦山并山东孔陵、泰山之游拟即作罢，将来再作计较。小蕙来信已到，写得颇认真，亦甚有条理，但别字太多矣。我等身体均好，诸亲友亦好，连日各家吃饭，五脏神大忙，即报小蕙、阿伦、阿敦三儿知之。

半农

一九三一年五月一日

四 郑淑云

一生有三穷

郑淑云，字从一，明代女作家，生平事迹不详。和平常的妈妈不一样，她没有嘘寒问暖，家长里短。或许，郑妈妈认为，她的孩子足够抵挡外面的风雨，养成男子汉的豁达心性才是最重要的。告诫孩子在成长的路上凡事有所追求，都有可能遇到种种困难，不要因穷愁而丧失追求。郑妈妈教子的良方，可能贫寒，没有太多金钱和富足，寒门儿女用爱养，一样出将才出爱女。

一生有三穷

阅儿信：

谓一身备有三穷：用世颇殷，乃穷于遇；待人颇恕，乃穷于交；反身颇严，乃穷于行。昔司马子长云：虞卿非穷愁不能著书，以自见于后世。是穷亦未尝无益于人，吾儿当以是自励也！

译文

儿子：

人的这一生时常会遭遇三种困顿，千古有之，孩子，你要做好心理准备：第一种困顿，拥有强烈的用世才华，却遇不到好的平台和机遇；第二种困顿，以一颗诚挚宽厚的心待人，却没有交上值得交的好朋友；第三种困顿，对自己严格要求时常反省，却无法按照自己的意愿来活着。以前司马迁也说过：虞卿若不是穷困忧愁，也就不能著书立说而使自己的名声流传后世了。即使人生的际遇如此，也未尝没有好处。孩子要多读书以自励，不要放纵自己呀！

郑妈妈的眼光和心胸都是一流的，她体验或明达了，人活着，这一生都是在夹缝中喘息。强而幸者，顶天立地；贫而弱者，衣食无着；更多的，则是碌碌无为地度过平凡一生。她的孩子年少气盛，对社会、对人生的历练，都远远不够。眼看着长大了，自立了，她多么担心他一走出家门，就要遭遇一连串的打击，对生命过于失望。

所以，她没有过多关注他的衣食小节，男孩子嘛，就算饥一顿饿一顿，摔摔打打，淋淋雨吹吹风，都没有关系，当是强身健体好了。而她最担心的，作为一位有抱负有理想的好男儿，他对社会对人生的信念，失魂落魄，一蹶不振。

说到底，男儿这一生，总是在外面的。他的胸怀和品性，直接决定了活着的品格。

他要独担风雨，要吞吐际遇，要越过四面八方的人烟，才能相对平顺地步入青云，或实现理想而活着。所以，郑妈妈很清楚地看到一个人成长的关键所在，她以拳拳之心，劝慰她的孩子多读书多积累，这一生不管际遇如何，按照自己的意愿活着最好，即便不是，那也是千古以来许多人都遇到的苦，也不必太苛责自己。你总是要做一个精神明亮的人，顺流逆流。唯有这样，才能远足于人世，有一个明亮、美好的人生。

这样的妈妈，真强大。她的爱，不狭隘不灰暗，是一个风雨历练过的女人，看过人生百态后，饱含仁慈宽厚的生命之爱。她爱孩子、爱生命，更能用她的爱，给孩子一个用力的人生。

五　丰子恺 给我的孩子们

丰子恺（1898—1975），浙江省嘉兴市桐乡市石门镇人。原名丰润，后改为子恺，我国现代画家、散文家、美术教育家、音乐教育家、漫画家和翻译家，更是一位热爱孩子、懂得孩子的父亲。他将对儿女之爱推及为对普天下孩子的关心与悬念，作文绘画，痴心要为他们挽留住童年纯真。

《给我的孩子们》是丰子恺先生与孩子们的倾心交谈：关于童真童趣、求学成长、人生世相、艺术修养……肺肝相示，感人至深。

给我的孩子们

我的孩子们！我憧憬于你们的生活，每天不只一次！我想委曲地说出来，使你们自己晓得。可惜到你们懂得我的话的意思的时候，你们将不复是可以使我憧憬的人了。这是何等悲哀的事啊！

瞻瞻！你尤其可佩服。你是身心全部公开的真人。你什么事情都想拼命地用全副精力去对付。小小的失意，像花生米翻落地了，自己嚼了舌头了，小猫不肯吃糕了，你都要哭得嘴唇翻白，昏去一两分钟。外婆去普陀烧香买回来给你的泥人，你何等鞠躬尽瘁地抱他，喂他；有一天你自己失手把它打破了，你的号哭的悲哀，比大人们的破产、失恋、broken-heart、丧考妣、全军覆没的悲哀都要真切。两把芭蕉扇做的脚踏车，麻雀牌堆成的火车、汽车，你何等认真地看待，挺直了嗓子叫“汪——”“咕咕咕……”来代替汽笛。宝姊姊讲故事给你听，说到“月亮姊姊挂下一只篮来，宝姊姊坐在篮里吊了上去，瞻瞻在下面看”的时候，你何等激昂地同她争，说“瞻瞻要上去，宝姐姐在下面看！”甚至哭到漫姑面前去求审判。我每次剃了头，你真心地疑我变了和尚，好几时不要我抱。最是今年夏天，你坐在我膝上发现了我腋下的长毛，当作黄鼠狼的时候，你何等伤心，你立刻从我身上爬下去，起初眼瞪瞪地对我端相，继而大失所望地号哭，看看，哭哭，如同对被判定了死罪的亲友一样。你要我抱你到车站里去，多多益善地要买香蕉，满满地擒了两手回来，回到门口时你已经熟睡在我的肩上，手里的香蕉不知落在那里去了。这是何等可佩服的真率，自然与热情！大人间的所谓“沉默”“含蓄”“深刻”的美德，比起你来，全是不自然的，病的，伪的！

你们每天做火车、做汽车、办酒、请菩萨、堆六面画、唱歌。全是自动的，创造创作的生活。大人们的呼号“归自然”！生活的艺术化“劳动的艺术化”！在你们面前真是出丑得很了！依样画几笔画，写几篇文的人称为艺术家、创作家，对你们更要愧死！

你们的创作力，比大人真是强盛得多哩。瞻瞻！你的身体不及椅子的一半，却常常要搬动它，与它一同翻倒在地上；你又要把一杯茶横转来藏在抽斗里，要皮球停在壁上，要拉住火车的尾巴，要月亮出来，要天停止下雨。在这等小小的事件中，明明表示着你们的小弱的体力与智力不足以应付强盛的创作欲，表现欲的驱使，因而遭逢失败。然而你们是不受大自然的支配，不受人类社会的束缚的创造者，所以你的遭逢失败，例如火车尾巴拉不住，月亮呼不出来的时候，你们决不承认是事实的不可能，总以为是爹爹妈妈不肯帮你们办到，同不许你们弄自鸣钟同例，所以愤愤地哭了，你们的世界何等广大！

你们一定想：终天无聊地伏在案上弄笔的爸爸，终天闷闷地坐在窗下弄引线的妈妈，是何等无气性的奇怪的动物！你们所视为奇怪动物的我与你们的母亲，有时确实难为了你们，摧残了你们，回想起来，真是不安心得很。

阿宝！有一晚你拿软软的新鞋子，和自己脚上脱下来的鞋子，给凳子的脚穿了，穿袜立在地上，得意地叫“阿宝两只脚，凳子四只脚”的时候，你母亲喊着“龌龊了袜子”！立刻擒你到藤榻上，动手毁坏你的创作。当你蹲在榻上注视你母亲动手毁坏的时候，你的小心里一定感到“母亲这种人，何等煞风景而野蛮”罢！

瞻瞻！有一天开明书店送了几册新出版的毛边的《音乐入门》来。我用小刀把书页一张一张地裁开来，你侧着头，站在桌边默默地看。后来我从学校回来，你已经在我的书架上拿了一本连史纸印的中国装的《楚辞》，把它裁破了十几页，得意地对我说：“爸爸！瞻瞻也会裁了！”瞻瞻！这在你原是何等成功的欢喜，何等得意的作品！却被我一个惊骇的“哼”！字喊得你哭了。那时候你也一定抱怨“爸爸何等不明”吧！

软软！你常常要弄我的长锋羊毫，我看见了总是无情地夺脱你。现在你一定轻视我，想道：“你终于要我画你的画集的封面！”

最不安心的，是有时我还要拉一个你们所最怕的陆露沙医生来，教他用他的大手来摸你们的肚子，甚至用刀在你们臂上割几下，还要教妈妈和漫姑擒住了你们的手脚，捏住了你们的鼻子，把很苦的水灌到你们的嘴里去。这在你们一定认为太无人道的野蛮举动罢！

孩子们！你们果真抱怨我，我倒欢喜；到你们的抱怨变为感谢的时候，我的悲哀来了！

我在世间，永没有逢到像你们样出肺肝相示的人。世间的人群结合，永没有像你们样的彻底地真实而纯洁。最是我到上海去干了无聊的所谓“事”回来，或者去同不相干的人做了叫作“上课”的一种把戏回来，你们在门口或车站旁等我的时候，我心中何等惭愧又欢喜！惭愧我为什么去做这等无聊的事，欢喜我又得暂时放怀一切地加入你们的真生活的团体。

但是，你们的黄金时代有限，现实终于要暴露的。这是我经验过来的情形，也是大人们谁也经历过的情形。我眼看见儿时的伴侣中的英雄、好汉，一个个退缩、顺从、妥协、屈服起来，倒像绵羊的地步。我自己也是如此。“后之视今，亦犹今之视昔”，你们不久也要走这条路呢!

我的孩子们！憧憬于你们的生活的我，痴心要为你们永远挽留这黄金时代在这册子里。然这真不过像“蜘蛛网落花”，略微保留一点春的痕迹而已。且到你们懂得我这片心情的时候，你们早已不是这样的人，我的画在世间已无可印证了！这是何等可悲哀的事啊！

一九二六年圣诞节作

谢觉哉 孩子，抓住你们的黄金时代

谢觉哉（1884—1971），字焕南，别号觉哉，亦作觉斋。中国共产党的优秀党员、“延安五老”之一、著名的法学家和教育家、杰出的社会活动家、法学界的先导、人民司法制度的奠基者。

谢觉哉告知孩子们15岁至30岁是自己的黄金时代，在这关键时期要做好以下三个方面：做事情，不仅要做别人已经做过的，别人不去做的自己更要去做；哭过以后就要有教训，如果还像以前一样懒散，那么流下的眼泪就一钱不值；读书写作，要做到词能达意、文理通顺、字迹漂亮。

孩子，抓住你们的黄金时代

我1月22日出去，3月25日回京，一共62天。在途中接到你们的信，我都看了，现综合答复你们几句。

“做事，不只是人家要我做才做，而是人家没让我做也争着去做。这样，才做得有趣味，也就会有收获。”——这是我之前信上的话。举个例子：去年飞飞和同学在我们院内种了一块油料作物——蓖麻子，接着桂芳也种了一行。种过以后，没看见你们管理，也没见你们收获。只耕种，不收获，这样的农民，天下怕少有吧？为什么这样？估计是你们学校只布置你们种，没有要你们管理，最后也没检查你们有无收获。而你们呢，推一下，动一下，并没有想到管理和收获。总之是“事不关己”。这很要不得。从这一件事，看出你们还不知道我上面信上说的道理。一定要以此为戒。凡学习或工作，都要自己负责，做不好或做得好，都要自己检查，记住，作为下次做的教训。不要再重复去年种蓖麻子的笑话。

自己的东西，要自己清理保存。衣服书籍是自己要用的。教科书、作业本、学校给的记分簿、奖状、证书等，是自己用过功得到的。别人拿了没用，在你们自己则是宝贝。常见你们对这些宝贝不大爱惜。你们自己可检查一下，看还保存有多少？去年七七为找不到小学证书哭了几次，哭得很伤心。是中学要检查你小学毕业证书哭，还是因失去了证书哭？大概是为了前者。你们平常失掉东西，也许只急一下，没有哭，也许哭了。哭是好的，但要在哭里得到教训。以后不再乱丢东西，要好好收起。你们都有桌子、抽屉或小箱子可以收。看了别人的东西不可乱拿，要放在原处，不要使别人难找。几年前我写过一张要孩子们爱惜书报的信，贴在书架上，不知你们还记得不？那时你们都小，现在好几个是大人了，不应该再不记在心上了。

哭了，如果还像以前一样懒散，那流的眼泪就一钱不值。

听说某学院送给某部门两个毕业生被退回去了，理由是“语文不好”。语文是学习、工作的工具，文字不通顺的人，学习有困难，工作也一定有困难。桂芳，飞飞的信写得好一点，但也仅仅好一点，定定、飘飘在中学时的作文还比较好，记得定定五六岁时写过两段文章，我颇赞赏她的聪明，把它抄在本子上。写过“学语涌如三迭水，抽思努似六时春”的句子。飘飘也不差，我写过“八月知行礼，两岁能念诗”的句子，为什么上了大学，反而写不好了？没有别的原因：一是没有练习，二是写的时候不用心。

要文理通顺，词能达意，不是一件很容易的事，当然也不很难。不管写什么东西，要想想写通了没有？人家看得懂不？如有毛病，就得修改。看书报也是一样，对于好的文章，不只要了解它的内容，还要欣赏它的写法。比如毛泽东选集里的文章，都是明白如水，容易懂，也容易记。我们要用，备学。

字要写得清楚，容易看。不要使人猜，甚至还猜不出，那是很坏的习气。去年给飘飘信，批评他来信的字写得不清楚，可能这封信飘飘没接到，因而他也没有改。字要写大一点，老年人眼睛不尖了，看不清。我有句诗："大儿远来书，字小如蚁挤，"是说飘飘的。

桂芳说要习毛笔字，很好。不过写毛笔字要砚池，要磨墨或用墨汁，比写钢笔字麻烦。其实钢笔字也是一样，林准同志的钢笔字写得清楚大方，你们应向他学。可能你们写滑了手，有些字的形象忘记了，那就翻翻字典。用心练习，个把两个月，就会好。不要舍不得下这一点点功夫，致将来工作上不方便，甚至有被用人机关以"语文不好"四字考语退回来的危险。

我只在看你们的来信时考你们。

飞飞说："学习导演，对我来说是复杂、困难的，它需要丰富的经验和广博的知识，而这些，我经验了解思考都很少。"（你这句话的写法有语病，可自己审查。）这话很对。经验知识是无穷尽的，只要用心，随时随地都可学到东西；只要虚心，别人的、书本上的经验知识，都可变为自己的经验知识。

大孩子——15岁以上到30岁以下是黄金时代（前信说20岁到30岁是黄金时代，是指已满20岁的人说的。实际上会学的人十几岁就可以学得比较好），要用心；小孩子也要用心。不是说不要你们玩。会玩的人也许是会学的人。当然专门玩是不可以的。

今天是星期日，下午4时，定定、列列、亚霞都走了，接到瑷儿信及戴大帽子的照片。不免吟诗一首：

欣看雏凤向空飞，面目依然毛羽非；

好似排风初上阵，翩翩小女戴金盔。

（京剧“雏凤凌空”演杨排风的是个女孩子。瑗儿可能看过。）

父

一九六一年四月六日

治国篇

第六章 家国天下

在这一章节中，我们可以看到毛泽东、叶剑英、陈毅、董必武等革命家和军事家的另外一个形象——父亲。是的，即使是叱咤风云、救国救民的英雄，在家庭里也是关爱孩子成长的普通父亲。他们教导孩子要有家国意识:作为军人的后代，你们生而需要担当更多的责任。他们教导孩子崇尚科学：不管是个人发展，还是国家兴旺，都需要以科学为基础。

一 毛泽东

只有科学是真学问——致岸英、岸青二儿

毛泽东（1893—1976），字润之。湖南湘潭人。伟大的马克思列宁主义者，中国共产党、中国各族人民的伟大领袖和导师。

一国之君的毛泽东，国事繁忙，也不忘时常关心子女的学习进展与路途选择。毛泽东，无产阶级革命家、战略家，却劝诫子女要多多学习自然科学，少谈些政治。

只有科学是真学问——致岸英、岸青二儿

岸英、岸青二儿：

很早以前，接到岸英的长信，岸青的信，岸英寄来的照片本，单张相片，并且是几次的信与照片，我都未复，很对你们不起，知你们悬念。

你们长进了，很欢喜的。岸英文理通顺，字也写得不坏，有进取的志气，是很好的。唯有一事向你们建议，趁着年纪尚轻，多向自然科学学习，少谈些政治。政治是要谈的，但目前以潜心多习自然科学为宜，社会科学辅之。将来可倒置过来，以社会科学为主，自然科学为辅。总之注意科学，只有科学是真学问，将来用处无穷。人家恭维你抬举你，这有一样好处，就是鼓励你上进；但有一样坏处，就是易长自满之气，得意忘形，有不知脚踏实地、实事求是的危险。你们有你们的前程，或好或坏，决定于你们自己及你们的直接环境，我不想来干涉你们，

我的意见，只当作建议，由你们自己考虑决定。总之我喜欢你们，望你们更好。

岸英要我写诗，我一点诗兴也没有，因此写不出。关于寄书，前年我托西安林伯渠老同志寄了一大堆给你们少年集团，听说没有收到，真是可惜。现再酌检一点寄上，大批的待后。

我的身体今年差些，自己不满意自己；读书也少，因为颇忙。你们情形如何？甚以为念。

毛泽东

一九四一年一月三十一日

（选自《老一代革命家家书选》，中央文献出版社　生活·读书·新知三联书店1990年版。）

二　叶剑英　为建设新中国而努力

叶剑英（1897—1986），字沧白，广东梅县人。1917年入云南讲武堂，毕业后追随孙中山革命，参与筹建黄埔军校，任教授部副主任，参加北伐战争。1927年加入中国共产党后，历任军政要职。1955年被授予元帅军衔。是中华人民共和国和中国人民解放军的缔造者和领导人之一。

叶楚梅于1948年接受中央选派留学苏联。在遥远的国度，叶剑英通过书信

表达对女儿楚梅的担心与教育，希望女儿不仅要对祖国有信心，而且要有建设祖国的决心。

为建设新中国而努力

亲爱的梅儿：

收到你最近的信，是一九四九年四月二十一日的。知道你养病已经恢复了健康，增加了体重一公斤，也增加了血，又在继续着你的学习，我很高兴！

女儿，爸爸很对不起你，你来很多信，都没有答复。我知道在遥远的虽然是很自由的国家里，由于言语、习惯等等，自然要增加一些对祖国的怀念，何况祖国的人民，正在以千万倍的信心和勇气，来打断快要挣断的锁链的时候，不断地胜利的狂风，吹到了远远的西方的时候，你们的心情，爸爸是很知道的。

女儿！让爸爸们，把新民主的地基，铲得平平的，让你们后一代，加工者把我们的祖国，建筑起一座自由、快乐、文明、进步、庄严、华丽的世界。你们不能逃避这一责任，你们必须完成你们这一代的责任。因此，当你们还在学习时期，就应该全心全意地为建设我们完全新的中国而努力！

女儿，我考虑过，也和你哥哥商量过，主张你学农业。因为现在才开始学医，时间太长，恐学不好。不过这仅仅是提供参考的意见而已。不过我另一种想法，不管学哪一门科学，首先要把俄文学个精通，那么，虽然在学校里没有学得很完全，出校以后，仍可自己继续研究的。

我在北平学习市政，跳下水去学泅水，时间还很短，学得还不多，我拟努力地学习下去。这也是一件不很容易的科学。

我写这封信时，正值刘宁一同志等快要出国，拿护照来签字的时候，匆匆写一封信，托宁一同志带给你。此时妞妞上学未回来，因此，你的妹妹就没有写信给你了。下次再给你寄信。祝你健康、进步！

你的爸爸

一九四九年四月二十七日　北平

三

陈毅

写家信要交代周全

陈毅（1901—1972），名世俊，字仲弘，四川乐至人。中国人民解放军杰出的领导者与组织者之一。

在广州修养期间，陈毅甚是担心子女和其他家人的情况。在收到儿子的信后，陈毅回信教导儿子，要学会写家信，最基本就是把家里人的情况都一一说道。

写家信要交代周全

昊苏：

十二月二十日来信收到了。你的功课和写信有进步，我和妈妈听了很欢喜。写家信要详细把我们要知道的都交代一下，是必要的。比如我们很关心爷爷、婆婆与你弟妹的情况，可惜你未提到。我们也很关心张秘书、魏管理员以及其他同志的情况，你都未提到，希望以后写信带上一笔。自然你这次写信只讲自己的事，这不能怪你，不过希望你以后注意。

我到广东从化温泉休养十九天，又到琼崖岛去游览了十天，

今日回广州。现在已是年终了，明天就是新年。我还打算再休养一个月才回京与你们同过旧历年。

你妈妈的身体很好，我的健康已逐渐恢复。

希望你把此信转念给爷爷、婆婆和弟妹听，代问好，并请他们不要挂念。冰鞋可以买三双，你三弟兄一个人一双，珊珊明年再买，可请张镜源同志代办。

明年一月份还望你三弟兄每人予我写一封信。

望你学习好，身体好。

父示

一九五六年，十二月三十一日，守岁之夜，于广州

四

董必武
军人要沉着，学理科要精细

董必武（1886—1975），湖北黄安（今红安）人。早年参加过同盟会与辛亥革命。1921年出席中国共产党第一次代表大会，是中国共产党的创始人之一。民主革命时期，曾任中央革命根据地党校校长、法院院长，参加二万五千里长征，担任代理陕甘宁边区政府主席等职。新中国成立后，曾历任政务院副总理、最高人民法院院长、中华人民共和国副主席、代理主席，是中国共产党和中华人民共和国的卓越领导人之一。

董必武写信给儿子羽儿，告诫儿子要戒“忙”戒“躁”，这是以后作为军人和学习理科知识应该避免的。

军人要沉着，学理科要精细

羽儿：

国庆节后你回校去写来北京的信有些看到了，有些是妈妈和妹妹弟弟告诉我的，一句话，我都知道了。知道了，为什么不写信给你呢？这有一点和你的情况相同，“忙”。“大跃进”的年代，不“忙”的人是少有的。

你前几天给妹妹的信中说“忙”，习题多，开夜车还赶不完，心里“躁”得很，要我们狠狠地批评你。“躁”是要不得的，党早已号召我们戒“骄”戒“躁”，你是预备党员，知道

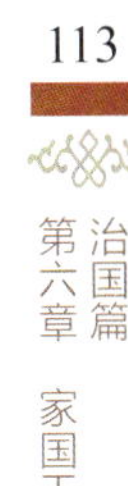

“躁”不好就戒掉它。“躁”不能帮助人解决任何问题，反而会把人赶上错误的道路去。军人要沉着，学理科要精细，这些都是与“躁”不相容的。

道理你当然也会讲，但习题多，开夜车还赶不及怎么办？这种情况是否你一个人的，或其他的学员也有类似情况？如果是你个人的，那就只有丢一部分较容易做的习题，每次难题都要克服它。开夜车要控制在身体受得住的范围内，超过了身体忍受的范围，次日上课就成问题了。这点你必须注意！如果不只你一人如此而有几个人或较多的人如此，那就要报告教务处或在班务会议上提出来研究。有些学校设有专员指导学生作业，我不知道你校是否应设，你们考虑一下可以向学校建议。每次作业先看题目，难的题目找同学分担，担任的人把所担的题目中的关键何在指出来，大家分途去做较省事。这点当然有毛病，我想比搁起来或开夜车把许多人弄得筋疲力尽要好些。这只供你个人参考。因你要我狠狠地批评，只是批评，不想点克服困难的办法不好，所以写了点意见，不行就算了。在西南短时间内写了几首诗，这次赶不及抄，以后再寄给你。妈妈最近也是“忙”，身体还耐得住。弟妹、绍简们都好。

顺问，

近佳！

父字

一九五九年十一月二十二日

（选自《中国青年》，1962年第14期。）

五 左权夫人刘志兰

写在你父亲殉国之后
——致女儿左太北

刘志兰（1917—1992），北京人。1939年4月16日同左权结婚，婚后一年为年已35岁的左权生下女儿左太北。1942年才25岁的她，在与左权婚后仅仅相处了一年多就永别了。她当时伤心欲绝，后在朱德总司令一再安慰鼓励下而强忍悲痛，并在延安《解放日报》撰文纪念左权。

本文是刘志兰写给女儿左太北的信，心中一方面回忆自己与左权的感情，另一方面勉励女儿，爸爸是为国家而牺牲，要以爸爸为荣。

写在你父亲殉国之后——致女儿左太北

太北：

……

你爸爸给我的11封信（另外还有一封在半路上遗失了）充满了和我们分别21个月里的想念之情，特别想念你，担心你的身体和情绪，饱含着深厚的爱，和将来团聚的渴望。信更主要的是讲了他的战斗生活。在当时我也是很珍视的，以至保存了几十年，现在看来则更是十分珍贵的历史文献了。

……

1939年2月，我参加中央巡视团到晋东南巡视工作，4月16日和你爸爸结婚是完全没有精神准备的。经朱老总亲自且诚恳的介绍（这以前我在晋冀鲁豫党的会上听到一次你爸爸做的军事报告，只知人们都很钦敬，谈不上什么印象），而且老总说不快解决就要并已经有点影响工作了。我把老总视为长者，由于是老总亲自说，我不好拒绝，而且很快结婚，是没有什么感情基础的。我那时的小资产阶级的情调是很浓厚的，我自视清高，虽然22岁了，接触的人很多，但没有和任何一个人恋爱过（也没有对什么人有过好感）。所以结婚后要有一段了解和进一步发展感情的过程。现在回想我们的生活是幸福的，也是有感情的。但是我总有一种不祥的预感，就是在你父亲信中说的他1940年初去太南二纵队时我当面交给他一封信（生你后他又退我了，这我就记不清了），主要是顾虑他的安全，当时已怀你四五个月，心中害怕，伤感的情绪较浓，到他四月底安全回来后才释然了。这封信给他印象较深，在他的第三封信中提到了。

生了你以后，我们一家在一起生活仅仅三个月就分别了。那三个月中我的情绪也是不好的，自己带孩子落后了，总是觉得见不得人似的。那时的女同志不以带孩子为荣，不那么理直气壮。回延安后我一个人带着你，困难是可想而知了。在情绪最不好时我写了一封信给你的父亲说，早知如此我一切都算了。这并不是什么变了心，而是气话。这就是他在第三封信中提到的那一封。

那时我很年轻，对生活理解得太少，又处在双方远离，一时感情冲动，而错写了那么一封信，现在看了遗书后深感遗憾，悔恨莫及。他在政治上遭诬陷，创伤很深，也是这样解决家庭生活的原因，让我们回延安，我的信又刺伤了他，实在不该。但自1939年我们结婚，到1942年他牺牲，他对我们短暂的家庭生活是满意的，信中几个地方都提到我们的感情是很深的，分别后互相是很想念的，他总是尽力完成他做爸爸的责任的。如果不是1942年5月麻田之恨，日寇投降后我们一家团聚，以后的生活是会很美满的。他对我们两人的照顾都是会很好的，绝不会像他抛开我们以后的那种情景。

我总觉得可惜的是我们相处的时间太短了，互相了解得太少了，也没有完全习惯下来，就匆匆分别而且成为永别。这短暂的婚姻家庭生活，本来已使我感到自己的一生已经定型，走上了轨道，而且准备就这样走下去了。谁知你父亲牺牲使我突然感到走到了路的尽头，无路可走了，又不得不挣扎着往前走。在噩耗的一年多的时间，我陷在深深的悲哀绝望之中。

记得我得到传说以后，去朱总处看到你父失踪的电报，我又去问林彪时，他不肯定，但我已感到噩耗已成事实，回到党校三部，一个人黑夜在山坡下痛哭失声，很多同志在山上听着，叶群他们把我劝回去，许多同志见我都不知道说什么才好。

1939年至1942年的一段生活影响了我的一生，成为苦难的历程。当然不是你父之过，但他如不牺牲，一切当会好一些。更重要的你父亲这样一位好同志的殉国，既是他本人的，也是我们家庭的巨大损失和悲剧，对党和对国家的损失更是无法计算的。但他对我们说来是十分宝贵的。

妈妈

一九八二年五月三十一日

六 廖承志

作画两幅——致廖茗

廖承志（1908—1983），广东惠阳区（现惠城区）陈江人。中国无产阶级革命家、杰出的社会活动家、党和国家的优秀领导人，晚年被尊为“廖公”。他，出身国民党元老之名门，却在革命低潮时投奔了中国共产党；他曾多次被捕入狱，却每次都奇迹般生还；他曾因“海外关系”被批判，却凭这份关系在外交战线上独树一帜。他为世界和平事业，为中日邦交正常化做出了特殊的贡献。他对海外侨胞感情深厚，赢得了他们的尊敬和爱戴。他为港澳回归殚精竭虑，他魂系宝岛情动两岸。

廖承志经常与子女书信交流读书问题，勉励孩子多读书。信中廖公一改往日以读书笔记来交流的形式，做作了两幅画，赠予女儿笃笃，而画中蕴含的意义却意味深长。

作画两幅——致廖茗

笃笃：

很感谢你把《欧阳海之歌》捎给我。读完一遍又一遍，觉得

重新给我添了活力，有说不出的劲头，热血在翻滚。

你送给我一部好书，我还你什么呢？横竖睡不着，便又画了两幅画。作为画，是不行的，但姑且描出我的心境。第一幅是爸爸在长征时的大致景象。千万不要忘记革命是千辛万苦。无数牺牲才得到胜利的。你爸爸要说诉苦忆甜，自问五谷不分、惭汗无地，但吃苦也在长征时尝过。你们是在一帆风顺、温暖暖、软绵绵的温室里长大的，千万要警惕，不要忘了本了。

第二幅也在长征时候，是在丹巴亲眼看见的。旁边是四川参加革命不久的母亲，她后头站着的是她自己的丈夫。我记得那时左边是悬崖万丈，右边是金沙江，一片黄澄澄的麦浪，加上少数民族特有的碉堡式的房子，周围牛马成群。但是队伍要前进，妈妈不能带着孩子。就在千丈崖头，她找到了当地孤寡无亲的老汉，把儿子送给他。老汉是欢喜得直笑，哪知孩子的妈妈正在给孩子喂完最后一口奶，然后就前进了。孩子的父亲怎样想？你也想得通。革命是要前进的，焉能带着孩子去冲锋陷阵？舍不得吧，但可能还是父亲动员母亲把孩子留下的。旁边红

军战士在唱歌，继续前进，打一仗消灭敌人还等在前头哩。旁边一个戴眼镜的红军干部，脱下帽子，给他们母子分离致以同情表示。后来呢？那父亲，那母亲，那戴眼镜的同志，到了延安再也没看到，肯定都牺牲了。那孩子，如今在哪儿？如果还活着，应是三十二三岁的人了。但我可以肯定，如果他还活着，必定连父亲、母亲叫什么名字都不知道。

笃笃！不知你读了有何感想？生活过得太舒适，像我们十几年以来一样，是害人的。你的毛病，你知我知，也该认真学习欧阳海的时候了。努力吧！做毛主席的好孩子！好青年！好学生！

那两幅画，仓促画成，说是艺术，也不成熟，粗糙得很，但你姑且把它留下吧。爸爸在江西坐牢的时候，常常想起那情景。有朝一日，有时间的话，还想把它画成油画。如今都不成了，只留下粗线条的东西，给你看看也好。况且我的油画技术低，也画不出。还有，四川人是喜欢用长围巾包头的，因此也就画上。

祝你好！如有的话，再捎一本《红岩》给我，歌乐山我是熟悉的。

常常到阿妈那里看看。

爸爸还好，你放心。

爸爸

一九六七年七月二十七日

第七章 帝王家训

也许我们会羡慕那些含着金汤匙出生的孩子，却往往看不到他们肩上所担负的家国重担。纵观这些帝王家训，他们对孩子的严格较普通人有过之而无不及。从周公到康熙，中国几千年以来的明君，无一不告诫孩子们要戒骄戒奢、勤奋好学。这些简单的道理，至今仍有借鉴意义。当下很多家庭对孩子娇惯宠溺，盲目助长了孩子的虚荣和惰性，从这些帝王家训中，我们可以重拾一些传统的美德。

一 周公 诫伯禽书

周公（约前1100年），姓姬，名旦，氏号为周，爵位为公。因采邑在周，称为周公，因谥号为文，又称为周公旦。周成王之叔，因成王即位时年少，便辅政成王。相传他制礼作乐，建立典章制度，被尊为儒学奠基人，是孔子最崇敬的古代圣人。

周成王亲政后，营造新都洛邑，大封诸侯。他将鲁地封给周公之子伯禽，伯禽没有辜负父亲的期望，没过几年就把鲁国治理成民风淳朴、务本重农、崇教敬学的礼仪之邦。

有道是“周公吐哺，天下归心”。周公对儿子的谆谆教诲，可谓用心良苦。

诫伯禽书

君子不施其亲，不使大臣怨乎不以。故旧无大故则不弃也，无求备于一人。

君子力如牛，不与牛争力；走如马，不与马争走；智如士，不与士争智。

德行广大而守以恭者，荣；土地博裕而守以俭者，安；禄位尊盛而守以卑者，贵；人众兵强而守以畏者，胜；聪明睿智而守以愚者，益；博文多记而守以浅者，广。去矣，其毋以鲁国骄士矣！

译文

有德行的人不怠慢他的亲戚，不让大臣抱怨没有被任用。老臣故人没有发生严重过失，就不要抛弃他，不要对某一个人求全责备。

有德行的人即使力大如牛，也不会与牛竞争力的大小；即使飞跑如马，也不会与马竞争跑速快慢；即使智慧如士，也不会与士争智慧高下。

德行广大者以谦恭的态度自处，便会得到荣耀。土地广阔富饶，以节俭的方式生活，便会永远平安；官高位尊而以卑贱的方式自律，便更显尊贵；兵多人众而用畏怯的心理坚守，就必然胜利；聪明睿智而用愚陋的态度处世，将获益良多；博闻强记而用肤浅自谦，将见识更广；上任去吧，不要因为鲁国的条件优越而对士骄傲！

二 刘邦

手敕太子

刘邦（前256—前195），汉太祖高皇帝，沛丰邑中阳里人，汉朝开国皇帝，汉民族和汉文化的伟大开拓者之一、中国历史上杰出的政治家、卓越的战略家和指挥家。对汉族的发展，以及中国的统一和强大有突出贡献。

《手敕太子》是刘邦晚年因给太子刘盈的一篇遗训，似可看作刘邦的“忏悔录”。作为开国皇帝，作为老父，刘邦在临死前毫不掩饰地向刘盈解剖自己，似乎对自己年少时未能认真读书有

所后悔，与他讲说“马上得天下”时有霄壤之差。“人之将死，其言也善”，确实如此。史书还载，刘邦“不修文学”，特别鄙弃读书，“溺儒冠”之举向为后世所鄙薄。但是在这篇遗训中，刘邦则深诲往年之举，强调了为学的重要性，告诫太子“每上疏宜自书”，不要让人捉刀代笔，以提高书写的精巧。对开国元勋萧何、曹参、张良、陈平诸功臣，刘邦看得较重，还要太子见之下拜，视为长辈，这都表现出刘邦对太子的真心爱护——树立谦恭的形象，以服天下人。末尾，刘邦还将宠姬戚夫人母子托付刘盈照看，又颇具人情味。

手敕太子

吾遭乱世，当秦禁学，自喜，谓读书无益。洎践祚以来，时方省书，乃使人知作者之意，追思昔所行，多不是。

尧舜不以天子与子而与他人，此非为不惜天下，但子不中立耳。人有好牛马尚惜，况天下耶？吾以尔是元子，早有立意。群臣咸称汝友四皓，吾所不能致，而为汝来，为可任大事也。今定汝为嗣。

吾生不学书，但读书问字而遂知耳。以此故不大工，然亦足自辞解。今视汝书，犹不如吾。汝可勤学习。每上疏，宜自书，勿使人也。

汝见萧、曹、张、陈诸公侯，吾同时人，倍年于汝者，皆拜，并语于汝诸弟。

吾得疾遂困，以如意母子相累，其余诸儿皆自足立，哀此儿犹小也。

译文

我遭逢动乱不安的时代，正赶上秦皇焚书坑儒，禁止求学，我很高兴，认为读书没有什么用处。直到登基，我才明白读书的重要，于是让别人讲解，了解作者的意思。回想以前的所作所为，实在有很多不对的地方。

古代尧舜不把天下传给自己的儿子，却让给别人，并不是不珍视天下，而是因为他的儿子不足以担当大任。人们有品种良好的牛马，还都很珍惜，况且是天下呢？你是我的谪传长子，我早就有意确立你为我的继承人。大臣们都称赞你的朋友商山四皓，我曾经想邀请他们没有成功，今天却为了你而来，由此看来你可以承担重任。现在我决定你为我的继承人。

我平生没有学书，不过在读书问字时知道一些而已。因此文辞写得不大工整，但还算能够表达自己的意思。现在看你作的书，还不如我。你应当勤奋地学习，每次献上的奏议应该自己写，不要让别人代笔。

你见到萧何、曹参、张良、陈平，还有和我同辈的公侯，岁数比你大一倍的长者，都要依礼下拜。你也要把这些话告诉你的

弟弟们。

我现在重病缠身，使我担心牵挂的是如意母子，其他的儿子都可以自立了，怜悯这个孩子太小了。

三 刘备

先主敕后主遗诏

刘备（161—223），字玄德，东汉末年幽州涿郡涿县（今河北省涿州市）人，西汉中山靖王刘胜的后代，三国时期蜀汉开国皇帝，政治家，史家又称他为先主。

刘备早期颠沛流离，投靠过多个诸侯，后于赤壁之战与孙权联盟击败曹

操，趁势夺取荆州，而后进取益州，建立蜀汉政权。陈寿评刘备机权干略不及曹操，但其弘毅宽厚，知人待士，百折不挠，终成帝业。刘备自己也曾说过，自己做事“每与操反，事乃成尔”。

本篇是刘备在病中给儿子后主刘禅的遗嘱。勉励儿子要努力读书，做个有贤德的人。“勿以恶小而为之，勿以善小而不为”堪为修身养德的名言。

先主敕后主遗诏

朕初疾但下痢耳，后转杂他病，殆不自济。人五十不称夭，年已六十有余，何所复恨？不复自伤，但以卿兄弟为念。射君（人名）到，说丞相叹卿智量，甚大增修，过于所望，审能如此，吾复何忧！勉之，勉之！勿以恶小而为之，勿以善小而不为。惟贤惟德，能服于人。汝父德薄，勿效之。可读《汉书》《礼记》，闲暇历观诸子及《六韬》《商君书》，益人意智。闻丞相为写《申》《韩》《管子》《六韬》一通已毕，未送，道亡，可自更求闻达。

译文

我最初只是得了一点痢疾而已，后来因为这又得了更重的病，我自己知道自己时候不长了。人们说五十岁死的人不能称为夭折，我已经有六十多岁了，又有什么可遗憾的呢？所以不想自己再为此伤怀，但是却很惦念兄弟，射君来的时候，说丞相惊叹你的智慧和气量，有很大的修行，远远比我们所想的要好得多，你能这样的要求自己，我又有什么可忧虑的啊！努力！不要因为坏事很小而去做，不要因为善事很小而不去做。要遵行贤能贤德才能够使别人信服。你的父亲德行不深厚，你不要效仿（向我学习），可以读一下《汉书》《礼记》，闲空有时间的时候看一下那些有学识的人和他们的著作《六韬》《商君书》，对你的智慧会有很好的帮助。听说丞相已经抄写完了《申子》《韩非子》《管子》《六韬》这些文章，还没有给你，在路途之中去世。你可以自己去乞求学习这些东西。

四 曹丕 诫子

曹丕（187—226），字子桓。曹操与卞夫人的长子。曹魏的开国皇帝。三国时期著名政治家、文学家。由于文学方面的成就而与其父曹操、其弟曹植并称为“三曹”。曹丕少有逸才，广泛阅读古今经传、诸子百家之书。年仅八岁，即能为文。

曹操死后，继位为丞相、魏王。代汉称帝为魏文帝，建都洛阳，国号魏。他是三国时代第一位皇帝，结束了汉朝四百多年的统治。著有《魏文帝集》。

曹丕在《诫子》一文中，警示自己，也告诫天下父母：固然疼爱自己的子女，但却不能袒护他们的过错。

诫子

父母于子，虽肝肠腐乱，为其掩蔽，不欲使乡党士友闻其罪过，然行之不改，久矣，人自知之。用此仕官，不亦难乎？

译文

父母对于子女，纵使用尽心思，来为他们遮掩其错误，以不使乡党、朋友知道他们的过失，但是一味地这样下去而不加改正，时间长了人们自然会知道。用这样的道理做官，不也是很难的吗？

五 李世民 诫皇属

李世民（598—649），唐太宗，祖籍陇西成纪，是唐高祖李渊和窦皇后的次子，唐朝第二位皇帝，年号贞观。李世民为帝之后，积极听取群臣的意见，对内以文治天下，并开疆拓土，虚心纳谏，厉行节约，使百姓能够休养生息，终于出现了国泰民安的局面，开创了中国历史上著名的“贞观之治”，为后来唐朝一百多年的盛世奠定重要基础。

在历代家训中，帝王家训占有特殊位置，其代表作之一就是唐太宗李世民的《诫皇属》。太宗非常注重对皇子们的教育，经常告诫后代，应当遵守道德规范，加强道德修养，掌握治国之道。

诫皇属

朕即位十三年矣，外绝游观之乐，内却声色之娱。汝等生于富贵，长自深宫。夫帝子亲王，先须克己。每著一衣，则悯蚕妇；每餐一食，则念耕夫。至于听断之间，勿先恣其喜怒。朕每亲临庶政，岂敢惮于焦劳。汝等勿鄙人短，勿恃己长，乃可永久富贵，以保终吉，先贤有言："逆吾者是吾师，顺吾者是吾贼。"不可不察也。

译文

我当皇帝十三年了，外出时谢绝游览观赏之乐，在宫中摒去歌舞女色的欢娱。你们出生在富贵之家，成长在深宫之中。你们作为帝子亲王，首先必须克制自己。每穿一件衣服，就要体恤蚕妇的辛劳；每吃一顿饭，就要想到农夫的辛苦。至于处理案件，不可先听任自己的喜怒。我每次亲自处理各种政务，哪敢怕苦怕累！你们不可鄙视别人的短处，不可倚仗自己的长处，只有这样才能长久富贵，以保终身吉祥。先贤有这样的话："敢于反对我的人是我的老师，只知逢迎我的人是我的贼子。"你们不能不明察啊！

唐太宗以自己勤勉政事为例，告诫"生于富贵，长自深宫"的皇属克制自己，珍惜财物，不可奢侈，每穿一件衣服、吃一顿饭，都不要忘记蚕妇农夫的辛勤。在听闻决断的时候，不要先入为主，任凭自己的喜怒，要谦虚、善于听取不同意见，不要因为别人有短处就鄙视他们，也不要因为自己有优点就恃才而骄，要把敢于反对你的人当作老师，把逢迎你的人视为贼子。只有这样才能够永久富贵，贞正吉祥。

六 康熙 庭训格言

康熙，爱新觉罗·玄烨（1654—1722）。在位61年，是中国历史上在位时间最长的皇帝。他是中国统一的多民族国家的捍卫者，奠定了清朝兴盛的根基，开创出康乾盛世的局面。

康熙皇帝十分重视自身修养与对子女的教育。他自己文韬武略，精于历史、地理、医学等多门学科，对子孙要求也很严格，命师傅教他们习字、骑射，并亲自督促检查课业。因此他的儿子们多能文能武，才干过人。

《庭训格言》由清康熙皇帝爱新觉罗·玄烨撰，其子雍正皇

帝爱新觉罗·胤禛（1678—1735）笔述，是康熙皇帝修身齐家，治理天下的经验总结。全书共二百四十六条，包括读书、修身、为政、待人、敬老、尽孝、驭下以及日常生活中的细微琐事。因为这些训导都是康熙皇帝以一个父亲的身分讲给儿子听的，所以很具体、生动而真实，读起来真切而亲近。

下面选取在治国方面对儿子的训导：

以一人治天下，不以天下奉一人

训曰：尝闻明代宫闱之中，食御浩繁，掖庭宫人，几至数千。小有营建，动费巨万。今以我朝各宫计之，尚不及当日妃嫔一宫之数。我朝外延军国之需，与明代略相仿佛。至于宫闱中服用，则一年之用，尚不及当日一月之多。盖深念民力惟艰，国储至重。祖宗相传家法，勤俭淳朴为风。古人有言，以一人治天下，不以天下奉一人。以此为训，不敢过也。

译文

父皇教诲说：曾经听说明代后宫之中，养的宫女以及费用实在太多了，宫中的宫女，差不多几千人。一个小小的工程，动不动就花费上万两的银子。现在按我们清朝后宫中各宫的人数加在一起，还赶不上明代一宫中妃嫔的数目，我们清朝军需国用的数目，与明代大致相当。至于宫中的费用，则一年的消费，还赶不上明朝一月那么多。这是由于我们考虑到民力的艰难，考虑到国用储备的重要。我们祖宗相传的家法是，以勤俭淳朴作为家风。古人说过，由皇帝一人来治理天下，却不能穷天下之力供奉皇帝一人。我们要以此作为法则，而不敢违背呀。

以天下之耳目为耳目

训曰：人君以天下之耳目为耳目，以天下之心思为心思，何患闻见之不广？舜惟好问好察，故能明四目、达四聪，所以称大智也。

译文

父皇教诲说：做君主的如果能以天下人的耳目作为自己的耳目，广泛地了解情况；以天下人的心思作为自己的心思，集思广议，哪还用得着担心自己的见闻不广，了解情况不多呢？古代圣王虞舜就是因为好问好察，所以能使自己的视听达于天下四方，因而被称为大智。

欲法令之行惟身先之

训曰：如朕为人上者，欲法令之行，惟身先之，而人自从。即如吃烟一节，虽不甚关系，然火烛之起多由此，故朕时时禁止。然朕非不会吃烟，幼时在养母家，颇善于吃烟。今禁人而己用之，将何以服人？因而永不用也。

译文

父皇教诲说：像我这样身为皇上的人，想要法令通行，只有自己先做出表率，别人自然就跟着做了。比如抽烟这个事儿，虽然不是关系重大，但火灾多由此引起，所以我常常禁止。但是我并不是不会抽烟，小时候在养母家中，是很会抽烟的。现在禁止别人而自己却去抽，那么将如何服人呢？所以我永不再抽。

和为贵

训曰：有子曰："礼之用，和为贵；先王之道，斯为美；小大由之。有所不行，知和而和，不以礼节之，亦不可行也。"盖礼以严分，而和以通情分。严则尊卑贵贱不逾，情通则是非利害易达。齐家治国平天下，何一不由于斯?

译文

父皇教诲说：有子说过："礼的作用，以遇事都做得恰当为可贵。古代圣王治理天下，其好的地方也在这里；他们小事大事都做得恰当。有行不通的地方，为求和而去求和，不用礼的规范去节制，也是不可行的"。礼是用来严格区分上下尊卑贵贱的，和则用以沟通上下之间的感情。名分区分得严格则尊卑贵贱不会僭越，感情沟通那么有关是非利害就可以上下通达。齐家、治国、平天下，哪一点不从这以和为贵出发呢?

平天下篇

男儿生世
弧矢四方

第八章 少年强，则中国强

教育是基石，孩子是未来。因此，我们应该从小培养孩子的责任意识。我们崇尚个体的自由发展，但个人的命运总是与时代同呼吸。学习的目的是什么？人生的价值又是什么？在多元而开放的答案之中，应该有这么一条：学习是为了让自己更好，也让世界更好。人生的价值是获得自我成就，也能为别人创造价值。精致的利己主义并无过错，而“奉献”也是一种不会过时的精神。

一 严复 好男儿志在四方

严复（1854—1921），福建侯官县人，近代著名的翻译家、教育家，是中国近代史上向西方国寻找真理的“先进的中国人”之一。

严复的四儿子严璿，自小离家求学，在劝勉儿子要有“好男儿志在四方”的骨气的同时，更多的还是担心儿子的衣食住行。

好男儿志在四方

儿年齿甚稚，初次离所亲以入社会，吾与汝母，经极悬悬，不但起居饮食，知儿必将觉苦而已。惟是男儿志在四方，世故人情，皆为学问，不得不令儿早离膝下：往后阅历一番，盖不徒堂

课科学，为今日当务之急。

汝在堂中，既有月费，亦不必十分俭吝；如欲用时，可向锌哥支取。

处世固宜爱惜名誉，然亦不可过于重外，致失自由。大抵一切言动，宜准于理，勿随干俗，旁人议论，岂能作凭？他要讥笑，听其讥笑可矣。

今日中学无论何等学校，皆非真正学习国文之地，要学习须在家塾。惜汝从前不知猛醒用功，致今有半途而画之叹，今已无可如何。

至于自己用功，则但肯看书，时至自成通品，毋庸虑也。

儿书，学赵文敏及灵飞经等，固佳。但结体颇惠散漫，如此学法，恐难进步。吾意须临欧、柳或圭峰之类，将字体打得苍劲、遒紧方佳。

译文

你年岁还小，初次离开亲人而独自步入社会，我和你母亲都是很挂念你的，我们不但担心你的衣食住行，还知道你一定会感到种种不快。但是男儿都应该志在四方，人情世故，都是学问，所以我们不得不让你较早离开我们，到生活中去历练一番，可能今天的当务之急，对于你来说还不仅仅是进学校、学科学。

你在学校，每个月都有生活费，不必太节俭；如想购买必用物品，可以到锌哥那里去取钱。

一个人生活在世上，应该爱惜自己的名誉，但也不必把自己外在的东西看得过重，否则就约束了内心思想的自由。一般来说，自己的一切言论行动，都要合乎于事理，不要随波逐流、迎合世俗。旁人的议论，怎么能作为自己行动的准则呢？他人要讥笑于你，就让他们讥笑去吧。

现在国内无论是哪种学校，都不是学习中国古典文学的好地方，你要学习这方面的知识，必须在家塾里学习。遗憾的是你以前不懂得用功学习，以致今天不得不半途中断古文的学习，现在看来已经没有其他办法了。

只要你自己用功读书，愿意多看书，到时候自然会达到博学多识的境地，对此你不必过于担心。

你学赵孟頫和灵飞经等人的书法，本来挺好。但你的字体结构，比较散漫，照这样学下去，恐怕难有进步。我认为，你应该先临摹欧阳询、柳公权和圭峰碑等一类字帖，把字体写得苍劲有力、结构紧凑才行。

二 巴金 给家乡孩子的信

巴金（1904—2005），四川成都人，祖籍浙江嘉兴。原名李尧棠，现当代著名文学家、出版家和翻译家。同时也被誉为是“五四运动”这个新文化运动以来最有影响的作家之一，是20世纪中国杰出的文学大师、中国当代文坛的巨匠。

他，曾是一位世纪老人。他生前凝聚毕生的激情与智慧，写下了《家》《春》《秋》《雾》《雨》《电》《萌芽》《寒夜》《随想录》……为我们留下了千万字的作品。一位诗人在《敬寿巴老百岁》中这样写道：

时光如水，巴金是金。

真心真爱，深意深情。

大智大悟，举重若轻。

大作大家，淡泊宁静。

巴金爷爷对家乡孩子真诚的关怀，亲切的勉励，抒发了自己要让生命开花的美好情感。内容具体，真实感人，用词准确，注意对象，说话得体，堪称楷模。全文通过信中的语言文字，表现巴金爷爷对孩子们的关心和关爱，激发其为社会添光彩，为别人奉献，让生命开花的愿望。

给家乡孩子的信

亲爱的同学们：

谢谢你们写信给我，一大堆信！我数了数，一共40封，好像你们都站在我面前，争先恐后，讲个不停，好不热闹！家乡的孩子们，感谢你们给我这个老人带来温暖。

我有病，写字困难，提着笔的手不听指挥，不要说给每个同学写一封回信，或者像五年级郭小娟同学所要的那样一小段话，就只给你们大家回一封信也十分吃力，有时候一支笔在我的手里有千斤重。怎么办呢？无论如何，我不能使家乡的孩子们失望，我终于拿起了笔。请原谅，我今年不能回家乡，并不是不愿意看望你们，正相反，我多么想看见你们天真的笑脸，多么想听见你们歌唱般的话语，但是我没有体力和精力支持这样一次长途的旅行。那么，就让这封信代替我同你们见面吧。

不要把我当作什么杰出人物，我只是一个普通人。我写作不是我有才华，而是我有感情，对我的祖国和同胞有无限的爱，我用作品表达我的这种感情。我今年87岁，今天回顾过去，说不上失败，也谈不到成功，我只是老老实实、平平凡凡地走过了这一生。我思索，我追求，终于明白生命的意义在于奉献而不在于享受。我在回答和平街小学同学们的信中说："我愿意再活一次，重新学习，重新工作，让我的生命开花结果。"有人问我生命开花结果是什么意思。我说："人活着不是为了白吃干饭，我们活着就是要给我们生活其中的社会添上一点光彩。这个我们办得到，因为我们每个人都有更多的爱，更多的同情，更多的精力，更多的时间，比维持我们自己生存所需要的多得多。只有为别人花费它们，我们的生命才会开花。一心为自己的人什么也得不到。"

我和别人一样，也希望看到自己的生命开花。但是我不可能再活一次。过去我浪费了不少的光阴，现在我快走到路的尽头，剩下的日子已经不多了。我十分珍惜这有限的一分一秒。

亲爱的家乡孩子们，我真羡慕你们。你们前面有无比宽广的道路，你们心里有那么美好的事物，爱惜你们可以使用的宝贵时间，好好地学习吧，希望在你们身上。我真诚地祝福你们。

巴金

1991年5月15日

三 叶圣陶 习惯成自然

叶圣陶（1894—1988），原名叶绍钧，字秉臣、圣陶。现代作家、教育家、文学出版家和社会活动家，有"优秀的语言艺术家"之称。

有感于初次做父亲，叶圣陶先生写了《做了父亲》一文。把教育思想融于家庭教育中，提倡锻炼孩子的心思能力，希望孩子有强壮的身体、明澈的心灵，将来从事有利于社会的工作。

叶圣陶先生不仅关注自身的家庭教育，更放眼于国家教育。平时能够养成良好的习惯，就是教育。教育不仅仅局限于学校，拘泥于读书。生活处处皆学问，要有“学而不厌”的志向。

习惯成自然

“习惯成自然”，这句老话很有意思。

我们走路，为什么总是一脚往前，一脚在后，相互交替，两条胳臂跟着动荡，保持身体的均衡，不会跌倒在地上？我们说话，为什么总是依照心里的意思，先一句，后一句，一直连贯下去，把要说的都说明白了？

因为我们从小习惯了走路，习惯了说话，而且“成自然”了。什么叫作“成自然”？就是不必故意费什么心，仿佛本来就是那样的意思。

走路和说话是我们最需用的两种基本能力。推广开来，无论哪一种能力，要达到习惯成自然的地步，才算我们有了那种能力。不达到习惯成自然的地步，勉勉强强地做一做，那就算不得我们有了那种能力。如果连勉勉强强做一做也不干，当然更说不上我们有了那种能力了。

听人家说对于样样事物要仔细观察，才能懂得明白，心里相信这个话很有道理。这当儿，我们还不是已经有了观察的能力。

听人家说劳动是人人应做的事，一切的生活资料，一切的文明文化，都从劳动产生出来的，心里相信这个话很有道理。这当儿，我们还不是已经有了劳动的能力。

听人家说读书是充实自己的一个重要法门，书本里包含着古人今人的经验，读书就是向许多古人今人学习，心里相信这个话

很有道理。这当儿，我们还不是已经有了读书的能力。

听人家说人必须做个好公民，现在是民主的时代，个个公民尽责守分，才能有个好秩序，成个好局面，自己幸福，大家幸福，心里相信这个话很有道理。这当儿，我们还不是已经有了做好公民的能力。

这样说下去是说不完的，就此打住，不再举例。

要有观察的能力，必须真个用心去观察。要有劳动的能力，必须真个动手去劳动。要有读书的能力，必须真个把书本打开，认认真真去读。要有做好公民的能力，必须真个把公民应做的一切事认认真真去做。在相信人家的话很有道理的时候，只是个“知”罢了，“知”比“不知”似乎好些，但仅仅是“知”，实际上与“不知”并无两样。到了真个去观察去劳动的时候，“知”才渐渐化为我们的习惯，习惯成自然，才是我们的能力。

通常说某人能力不强，就是某人没有养成多少习惯的意思。譬如说张三记忆力不强，就是张三没有把看见的、听见的一些事物好好记住的习惯。譬如说李四表达能力不强，就是李四没有把自己的思想和感情说出来、写出来的习惯。

习惯养成得越多，那个人的能力越强。我们做人做事，需要种种的能力，所以最要紧的是养成种种的习惯。

养成习惯，换个说法，就是教育。教育不限于学校，也不限于读书，学校教育只是教育的一部分，读书这件事也只是教育的一部分。我们在学校里受教育，目的在养成习惯，增强能力。我们离开了学校，仍然要从种种方面受教育，并且要自我教育，目的还是在养成习惯，增强能力。习惯越自然越好，能力越强越好，孔子一生“学而不厌”，就为他看透了这个道理。

四 梁实秋 孩子

梁实秋（1903—1987），原名梁治华，出生于北京，浙江杭县（今余杭）人。中国著名的散文家、学者、文学批评家和翻译家。

在《孩子》一文中，梁实秋主张在提倡对孩子应该释放个性、激发创造性的现在，被尊重、被理解、被重视固然是好的，但是如果被娇惯、被溺爱、被抬举就会走向成长的另一个死胡同：固执、偏激、刁蛮、傲慢、不孝、脆弱，难以适应社会，难以融入人群，难以担当大任，难以幸福人生。所以，一棵树，既要有向上生长的阳光、水源和肥料，又要有一把修剪自己枝杈的剪刀。

孩子

兰姆是终身未娶的，他没有孩子，所以他有一篇《未婚者的怨言》收在他的《伊利亚随笔》里。他说孩子没有什么稀奇，等于阴沟里的老鼠一样，到处都有，所以有孩子的人不必在他面前炫耀。他的话无论是怎样中肯，但在骨子里有一点酸——葡萄酸。

我一向不信孩子是未来世界的主人翁，因为我亲见孩子到处在做现在的主人翁。孩子活动的主要范围是家庭，而现代家庭很少不是以孩子为中心的。一夫一妻不能成为家，没有孩子的家像是一株不结果实的树，总缺点什么；必定等到小宝贝呱呱坠地，家庭的柱石才算放稳，男人开始做父亲，女人开始做母亲，大家才算找到各自的岗位。我问过一个并非“神童”的孩子：“你妈妈是做什么的？”他说：“给我缝衣的。”“你爸爸呢？”小宝贝翻翻白眼：“爸爸是看报的。”但是他随即更正说：“是给我们挣钱的。”孩子的回答全对。爹妈全是在为孩子服务。母亲早晨喝稀饭，买鸡蛋给孩子吃；父亲早晨吃鸡蛋，买鱼肝油精给孩子吃。最好的东西都要呈献给孩子，否则，做父母的心里便起惶恐，像是做了什么大逆不道的事一般。孩子的健康极其舒适，成为家庭一切设施的一个主要先决问题。这种风气，自古已然，于今为烈。自有小家庭制以来，孩子的地位顿形提高。以前的“孝子”是孝顺其父母之子，今之所谓“孝子”乃是孝顺其孩子之父母。孩子是一家之主，父母都要孝他！

“孝子”之说，并不偏激。我看见过不少的孩子，鼓噪起来能像一营兵；动起武来能像械斗；吃起东西来能像饿虎扑食；

对于尊长宾客有如生番；不如意时撒泼打滚有如羊痫，玩得高兴时能把家具什物狼藉满室，有如惨遭洗劫……但是“孝子”式的父母则处之泰然，视若无睹，顶多皱起眉头，但皱不过三四秒钟仍复堆下笑容，危及父母的生存和体面的时候，也许要狠心咒骂几声，但那咒骂大部分是哀怨乞怜的性质，其中也许带一点威吓，但那威吓只能得到孩子的讪笑，因为那威吓是向来没有兑现过的。“孟懿子问孝，子曰：‘无违。’”今之“孝子”深韪是说。凡是孩子的意志，为父母者宜多方体贴，勿使稍受挫阻。近代儿童教育心理学者又有“发展个性”之说，与“无违”之说正相符合。

体罚之制早已被人唾弃，以其不合儿童心理健康之故。我想起一个外国的故事：一个母亲带孩子到百货商店。经过玩具部，看见一匹木马，孩子一跃而上，前摇后摆，踌躇满志，再也不肯下来。那木马不是为出售的，是商店的陈设。店员们叫孩子下来，孩子不听；母亲叫他下来，加倍不听；母亲说带他吃冰淇淋去，依然不听；买朱古律糖去，格外不听。任凭许下什么愿，总是还你一个不听；当时演成僵局，顿成胶着状态。最后一位聪明的店员建议说："我们何妨把百货商店特聘的儿童心理学家请来解围呢？"众谋佥同，于是把一位天生有教授面孔的专家从八层楼请了下来。专家问明原委，轻轻走到孩子身边，附耳低声说了一句话，那孩子便像触电一般，滚鞍落马，牵着母亲的衣裙，仓皇遁去。事后有人问那专家到底对孩子说的是什么话，那专家说："我说的是'你若不下马，我打碎你的脑壳！'"

这专家真不愧为专家，但是颇有不孝之嫌。这孩子假如平常受惯了不兑现的体罚、威吓，则这专家亦将无所施其技了。约翰孙博士主张不废体罚，他以为体罚的妙处在于直截了当，然而约翰孙博士是18世纪的人，不合时代潮流！

哈代有一首小诗，写孩子初生，大家誉为珍珠宝贝，稍长都夸作玉树临风，长成则为非作歹，终至于陈尸绞架。这老头子未免过于悲观。但是"幼有神童之誉，少怀大志，长而无闻，终乃与草木同朽"——这确是个可以普遍应用的公式。小时聪明，大时未必了。究竟是知言，然而为父母者多属乐观。孩子才能骑木马，父母便幻想他将来指挥十万貔貅时之马上雄姿；孩子才把一曲抗战小歌哼得上口，父母便幻想着他将来喉声一啭彩声雷动时的光景；孩子偶然拨动算盘，父母便暗中揣想他将来或能掌握财政大权，同时兼营投机买卖……这种乐观往往形诸言语，成为炫耀，使旁观者有说不出的感想。曾见一幅漫画：一个孩子跪在他父亲的膝头用他的玩具敲打他父亲的头，父亲眯着眼在笑，那表情像是在宣告"看看！我的孩子！多么活泼，多么可爱！"旁边坐着一位客人咧着大嘴做傻笑状，表示他在看着，而且感觉兴趣。这幅画的标题是："演剧术"。一个客人看着别人家的孩子而能表示感觉兴趣，这真确实需要良好的“演剧术”。兰姆显然是不欢喜演这样的戏。

孩子中之比较最蠢、最懒、最刁、最泼、最丑、最弱、最不讨人欢喜的，往往最得父母的钟爱。此事似颇费解，其实我们应该记得《西游记》中唐僧为什么偏偏欢喜猪八戒。

谚云：“树大自直”，意思是说孩子不需管教，小时恣肆些，大了自然会好。可是弯曲的小树，长大是否会直呢？我不敢说。

五 华罗庚 致中国全体留美学生的公开信

华罗庚（1910—1985），汉族，世界著名数学家，中国科学院院士，美国国家科学院外籍院士，第三世界科学院院士，联邦德国巴伐利亚科学院院士。

他是中国在世界上最有影响力的数学家之一，被列为芝加哥科学技术博物馆中当今世界88位数学伟人之一。国际上以华氏命名的数学科研成果有“华氏定理”“华氏不等式”“华—王方法”等。

1950年3月16日，著名数学家华罗庚由美国返抵北京。回国途中，他写了一封告中国留美学生的公开信。他在这封长达万言的信中，情真意切地动员爱国的知识分子放弃国外优越的物质生活，投入祖国的怀抱尽一分力。

致中国全体留美学生的公开信

朋友们：

道别，我先诸位而回去了。我有千言万语，但愧无生花之笔来一一地表达出来。但我敢说，这信中充满着真挚的感情，一字一句都是由衷心吐出来的。

坦白地说，这信中所说的是我这一年来思想斗争的结果。讲到决心归国的理由，有些是独自冷静思索的果实，有些是和朋友们谈话和通信所得的结论。朋友们，如果你们有同样的苦闷，这封信可以做你们决策的参考；如果你们还没有这种感觉，也请细读一遍，由此可以知道这种苦闷的发生，不是偶然的。

让我先从大处说起。现在的世界很明显地分为两个营垒：一个是为大众谋福利的，另一个是专为少数的统治阶级打算利益的。前者是站在正义方面，有真理根据的；后者是充满着矛盾的。一面是与被压迫民族为朋友的，另一面是把所谓“文明”建筑在不幸者身上的。所以凡是世界上的公民都应当有所抉择：为人类的幸福，应当抉择在真理的光明的一面，应当选择在为多数人利益的一面。

朋友们！如果细细地想一想，我们深受过移民律的限制，肤色的歧视，哪一件不是替我们规定了一个圈子。当然，有些所谓“杰出”的个人，已经跳出了这个圈子，已经得到特别“恩典”“准许归化”了的，但如果扪心一想，我们的同胞们都在被人欺凌，被人歧视，如因个人的被“赏识”，便沾沾自喜，这是何种心肝！同时，很老实地说吧，现在他们正想利用这些“人杰”。

也许有人要说，他们的社会有“民主”和“自由”，这是我们所应当爱好的。但我说诸位，不要被“字面”迷惑了，当然被字面迷惑也不是从今日开始。

我们细细想想资本家握有一切的工具——无线电、报纸、杂志、电影，他说一句话的力量当然不是我们一句话所可以比拟的；等于在人家锣鼓喧天的场合下，我们在古琴独奏。固然我们都有“自由”，但我敢断言，在手酸弦断之下，人家再也不会听到你古琴的妙音。在经济不平等的情况下，谈“民主”是自欺欺人，谈“自由”是自找枷锁。人类的真自由、真民主，仅可能在真平等中得之；没有平等的社会的所谓“自由”“民主”，仅仅是统治阶级的工具。

我们再来细心分析一下：我们怎样出国的？也许以为当然靠了自己的聪明和努力，才能考试获选出国的，靠了自己的本领和技能，才可能在这儿立足的。因之，也许可以得到一结论：我们在这儿的享受，是我们自己的本领；我们这儿的地位，是我们自己的努力。但据我看来，这是并不尽然的，何以故？谁给我们的特殊学习机会，而使我们大学毕业？谁给我们所必需的外汇，因之可以出国学习。还不是我们胼手胝足的同胞吗？还不是我们千辛万苦的父母吗？受了同胞们的血汗栽培，成为人才之后，不为他们服务，这如何可以谓之公平？如何可以谓之合理？

朋友们，我们不能过河拆桥，我们应当认清：我们既然得到了优越的权利，我们就应当尽我们应尽的义务，尤其是聪明能干的朋友们，我们应当负担起中华人民共和国空前巨大的任务！

现在再让我们看看新生的祖国，怎样在伟大胜利基础上继续迈进！今年元旦新华社的《新年献词》告诉我们说：

“一九四九年，是中国人民解放战争获得伟大胜利和中华人民共和国宣告诞生的一年。这一年，我们击破了中外反动派的和平攻势，扫清了中国大陆上的国民党匪帮。”“解放了全国百分之九十以上的人口，赢得了战争的基本胜利。这一年，全国民主力量的代表人物举行了人民政治协商会议，通过了国家根本大法共同纲领，成立了中央人民政府。这个政府不但受到全国人民的普遍拥护，而且受到了全世界反帝国主义阵营的普遍欢迎。苏联和各人民民主国家都迅速和我国建立了平等友好的邦交。这一年，我们解放了和管理了全国的大城市和广大乡村，在这些地方迅速地建立了初步的革命秩序，镇压了反革命活动，并初步地发动和组织了劳动群众。在许多城市中已经召集了各界人民代表会议。在许多乡村中，已经肃清了土匪，推行了合理负担政策，展开了减租减息和反恶霸运动。这一年，我们克服了敌人破坏封锁和严重的旱灾、水灾所加给我们的困难。在财政收支不平衡的条件下，尽可能地进行了恢复生产和交通的工作，并已得到了相当成绩。”

“中国是在迅速的进步着，一九四九年的胜利，比一年前人们所预料的要大得多，快得多。在一九五〇年，我们有了比一九四九年好得多的条件，因此，我们将要得到的成绩，也会比我们现在所预料的更大些、更快些。当武装的敌人在全中国的土地上被肃清以后，当全中国人民的觉悟性和组织性普遍地提高起来以后，我们的国家就将逐步地脱离长期战争所造成的严重困难，并逐步走上幸福的境地了。”

朋友们！“梁园虽好，非久居之乡”，归去来兮！

但也许有朋友说：“我年纪还轻，不妨在此稍待。”但我说：“这也不必。”朋友们，我们都在有为之年，如果我们迟早要回去，何不早回去，把我们的精力都用之于有用之所呢？

总之，为了抉择真理，我们应当回去；为了国家民族，我们应当回去；为了为人民服务，我们也应当回去；就是为了个人出路，也应当早日回去，建立我们的工作基础，为我们伟大的祖国的建设和发展而奋斗！

朋友们！语重心长，今年在我们首都北京见面吧！

一九五〇年二月归途中